힘이 보여요

힘이 보여요

박미경 글 장명진 그림

위즈덤하우스

■ 펴내는 글

똑똑 융합과학씨를 소개합니다!

신화부터 예술까지 두루두루 통하는 과학

신화나 옛날이야기 좋아하지?
똑똑 융합과학씨는 과학이 발달하기 전에
옛사람들은 자연 현상을 어떻게 생각했을까,
그런 이야기는 어디에 남아 있을까 하는 것이 궁금해.
과학이 역사와 기술, 공학, 수학, 예술 등과 관련되어 있는 것을 발견하면
'아, 이렇게 서로 통하는 거구나' 하는 것을 알게 되어 뿌듯해.
그리고 다음부터는 어떤 것을 보더라도 '이것은 다른 것과 어떻게 통할까,
새롭게 더 생각할 것은 없을까' 하고 두루두루 생각해.

많이 알면 알수록 더 즐길 수 있다! 즐기는 과학

춤추고 노래하는 거 좋아하니? 똑똑 융합과학씨는 음치이자 몸치지만 노래하고 춤추는 걸 좋아해. 누구나 음악과 춤은 배우지 않아도 흥겹게 즐길 수 있어. 그래도 음악과 춤을 많이 알면 더 재미있게, 여러 가지 방법으로 즐길 수 있어. 무엇보다 음악과 춤을 즐기지 못하는 다른 친구들에게 가르쳐 줄 수가 있지. 많이 알면 알수록 더 즐길 수 있는 것은 과학도 마찬가지야.

배워서 남 주자! 좋은 건 나누는 과학

공부해서 뭐하지? 똑똑 융합과학씨는 자기 것을 남과 나누거나
도와주는 것을 좋아해. 자신의 작은 도움에 고마워하는 사람들을
볼 때마다 기분이 좋고 흐뭇하대. 지식과 지혜도 남과 나눌 수 있어.
배운 것을 가르쳐 주고, 배운 지식을 이용하여 지금 내가 살고 있는 곳이나
가까운 이웃 나라에서 생기는 문제를 해결할 아이디어를 찾아보면 돼.

이제 "똑똑!" 하고 융합과학씨의 문을 두드려 봐.
그리고 문을 열고 들어가서 이야기에 귀 기울여 봐.

 차례

펴내는 글 4

1. 힘, 옛날 옛적에……

힘센 사람들이 최고야! 12
힘은 보일까? 안 보일까? 15
힘의 정체가 궁금해! 16
생각이 크는 숲 힘의 정체를 밝혀라! 20

2. 자연 현상을 만드는 기본 힘 넷

지구가 끌어당기는 힘, 중력 24
같으면 밀고 다르면 당기는 힘, 전자기력 31
아주 작은 세계에서 작용하는 두 가지 힘, 핵력 38
생각이 크는 숲 보이지 않는 힘이 만들어 낸 현상 42

3. 세상의 조화를 이루는 다양한 힘들

미끄러지지 않게 붙들어 줄게, 마찰력 46
원래대로 돌아갈래, 탄성력 50
꾹 눌러 봐, 압력 54
공기와 물이 누르는 힘, 기압과 수압 57

물이 물체를 떠받치는 힘, 부력 60
생각이 크는 숲 털 있는 곳에 힘이 있다! 64

4. 힘과 운동의 법칙

힘과 운동 사이에는 법칙이 있어 68
• 뉴턴의 운동 제1 법칙, 관성의 법칙 70
• 뉴턴의 운동 제2 법칙, 가속도의 법칙 72
• 뉴턴의 운동 제3 법칙, 작용·반작용의 법칙 74
자전거에 작용한 다양한 힘과 운동 법칙 76
생각이 크는 숲 자기 몸무게의 10배의 힘을 견디는 우주 비행사 80

5. 생활 속 도구와 힘

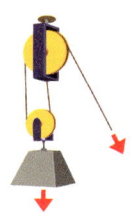

작은 힘으로 큰 힘을 만드는 지레 84
무게를 덜어 주는 도르래 86
힘을 전달하는 축바퀴 90
거리는 늘어나도 힘은 덜 드는 빗면 92
힘의 조화로 이룬 예술, 오케스트라 95
수압으로 연출하는 종합 예술, 분수 쇼 98
중력 접착제로 쌓은 돌탑 100
생각이 크는 숲 사람과 도구의 힘으로 탄생한 피라미드 102

6. 적응하고 이용하고 극복하며 살다

총알처럼 빠르게 움직이는 식물들 106
마찰력을 높이거나 줄이도록 진화한 동물들 108
공기를 이용하는 물고기와 식물 110
어마어마한 수압을 견디는 심해 물고기 114
전기를 만들어 내는 생물들 116
생각이 크는 숲 중력 때문에 키가 줄었다고? 120

STEAM 작은 아이디어가 세상을 바꿔요 122
힘의 원리를 알면 새로운 세계가 열린다

찾아보기 132

단어는 같아도 뜻은 각양각색, 힘

"영차, 영차, 힘을 써!" "시험 공부하느라 힘들어."
"아는 것이 힘이다." "힘센 나라가 약한 나라를 공격했대."

우리 주변에서 흔히 쓰는 말들이지? 그런데 알고 있니?
여기서 사용한 '힘'이라는 말의 뜻이 전부 다르다는 것을 말이야.
《국어사전》에서 힘이라는 말을 찾아보면,
이 한 글자 단어에 각기 다른 수많은 뜻이 있음을 알 수 있어.

힘(力)

1. 사람이나 동물이 몸에 갖추고 있으면서 스스로 움직이거나 다른 물건을 움직이게 하는 근육 작용. 예문) 힘이 세다. 힘을 빼다. 힘을 겨루다.

2. 일이나 활동에 도움이나 의지가 되는 것. 예문) 힘을 빌리다. 힘이 되어 주다.

3. 어떤 일을 할 수 있는 능력이나 역량. 예문) 힘을 합치다. 혼신의 힘을 기울이다.

4. 개인이나 단체를 통제하고 강제적으로 따르게 할 수 있는 세력이나 권력. 예문) 황제의 힘은 강했다.

5. 사물의 이치 따위를 알거나 깨달을 수 있는 능력. 예문) 생각하는 힘. 상상력의 힘.

6. 감정이나 충동 따위를 다스리고 통제할 수 있는 능력. 예문) 이성의 힘.

7. 기계나 기구 따위가 스스로 움직이거나 다른 물체를 움직이게 하는 작용. 예문) 자동차의 힘이 좋다.

8. 자연 현상이 일어나는 작용의 세기나 그것이 다른 사물에 영향을 미치는 작용. 예문) 파도의 힘에 못 이겨 배가 파손되었다.

9. 물건 따위가 튼튼하거나 단단한 정도. 예문) 철근의 힘.

10. 정지하고 있는 물체를 움직이게 하고, 또 움직이고 있는 물체의 속도를 변화시키거나 아주 정지시키는 작용.

이 밖에도 다른 뜻이 더 있단다.
말은 하나인데, 뜻은 가지가지 정말 많기도 하지?

이제부터 알아볼 힘의 뜻은 맨 마지막에 있어.

바로 '정지하고 있는 물체를 움직이게 하고, 또 움직이고 있는 물체의 속도를 변화시키거나 아주 정지시키는 작용' 말이야.

무슨 말인지 모르겠다고? 다음 예를 보면 쉽게 알 수 있을 거야.

공에 힘을 줬더니 모양이 변했어.

힘을 주니 가만히 있던 공이 움직이네.

힘을 주어 움직이는 공을 멈추게 했어.

힘을 줘서 움직이는 공의 방향을 바꿀 수 있지.

이게 바로 이 책에서 말하고자 하는 '힘'이란다. 그래도 잘 모르겠다면, 이 책을 통해 힘의 정체에 대해 좀 더 자세히 알아보도록 할까?

1 힘, 옛날 옛적에……

나뭇가지에 매달려 있던 사과가 저절로 땅으로 떨어지고,
누가 건드린 것도 아닌데 계절마다 밤하늘의 별자리가 달라져.
아주 먼 옛날부터 사람들은 이런 현상을 보며
원인이 뭘까 곰곰이 생각했어.
그러다가 우리가 살아가는 이 세상이 어떤 힘에 의해
움직이는지 고민하기에 이르렀단다.

물체가 땅에 떨어지는 이유는 뭘까?

나도 궁금해요.

힘센 사람들이 최고야!

　우리나라에는 옛날부터 바윗돌을 들어 올려 힘자랑을 하는 전통이 있었어. 지금처럼 산업이 발달하기 전, 그러니까 사람들 대부분이 농사를 짓고 살던 때에는 힘센 사람이 대접받고 살았단다. 농사를 짓는 것은 몹시 힘든 일이라, 고된 농사일을 척척 해내며 먹을거리를 장만하는 사람이 제일 잘난 사람이었지.

　그래서 해마다 한해 농사를 시작할 때쯤, 사람들은 농사가 잘되기를 바라며 잔치를 여는데, 이때 마을 청년들끼리 '들돌 들기'

시합을 벌였어. 무거운 들돌을 들어 올리는 시합인데, 여기서 나이가 어린 머슴이 들돌을 잘 들어 올리면 그해 농사에 끼워 주고 어른만큼 품삯도 주었다고 해. 나이가 어려도 들돌을 들어 올릴 정도면 어른 한 사람 몫을 충분히 해낼 거라고 생각했던 거야.

들돌의 무게는 약 80킬로그램부터 100킬로그램이 넘는 것까지 있었다고 해. 어린아이 두세 명의 무게에 해당하는 돌을 번쩍번쩍 들어 올렸다니, 대단하지?

들돌 들기처럼 힘을 겨루는 전통은 우리나라에만 있지 않아. 다른 나라에서도 기계가 발달하기 전에는 모든 일을 사람의 손으로 해야 하긴 마찬가지였거든. 적이 쳐들어올 것을 대비해 바윗돌로 성벽을 쌓아 올릴 때도, 전쟁이 벌어져 무거운 칼과 방패를 들고 나가 싸워야 할 때도, 농사를 짓고 가축을 기를 때도 모두 사람의 손을 거쳐야 했으니 힘센 사람이 월등히 유리했어.

그래서인지 세계 곳곳의 신화나 전설을 찾아보면 힘센 사람에 대한 감탄이 어려 있는 이야기가 정말 많단다. 그리스 신화에 나오는 헤라클레스, 구약 성서에 나오는 삼손, 중국 역사상 가장 뛰어난 장수로 손꼽히며 산을 뽑아 던졌다는 항우까지, 힘센 영웅에 관한 이야기는 끝이 없어. 이런 신화와 전설, 역사를 통틀어 가장 힘센 존재를 꼽으라면 티탄 족의 신 아틀라스가 손꼽힐 거야.

그리스 신화를 보면 제우스를 비롯한 올림포스의 신들과 티탄 족 신들이 전쟁을 벌여서 올림포스 신들이 이겨. 승리를 거머쥔 제우스는 티탄 족 신들이 다시는 올림포스 신들에게 덤비지 못하게 지하 감옥에 가두어 버렸지.

하지만 아틀라스는 워낙 힘이 세서 감옥에 가두는 것만으로는 마음이 놓이지 않았어. 그래서 제우스는 아틀라스에게 어깨로 우주를 영원히 떠받치고 있게 했어.

이 때문에 아틀라스가 등장하는 조각이나 그림을 보면 아틀라스는 대부분 하늘을 떠받치고 있는 모습으로 묘사되어 있단다.

하늘을 떠받치고 있는 아틀라스

힘은 보일까? 안 보일까?

 누군가 무거운 것을 들어 올리는 모습을 보면, 그 사람이 힘이 세다는 사실을 알 수 있어. 물론 힘 자체가 직접 눈에 보이지는 않아. 하지만 우리는 물체가 움직이거나 모양이 변하는 등 다양한 현상을 보고 힘이 작용하는 것을 알 수 있어.

 돌이 공중에 떠오르는 것은 누군가가 돌을 들어 올렸기 때문이야. 가만히 있던 공이 어디론가 날아가는 것도 누군가가 공을 던졌기 때문이지. 이렇듯 우리 주변의 사물들이 저절로 움직이는 법은 없어. 누군가가 들어 올리고, 내려놓고, 밀고, 당기는 등 힘을 줬기 때문에 움직이는 거야. 힘을 주지 않는다면? 당연히 아무것도 움직이지 않지.

 그런데 세상에는 힘을 주지 않았는데도 저절로 움직이는 것들이 있어. 사과나무에서 사과가 익으면 땅으로 뚝 떨어지는 걸 볼 수 있어. 아무도 힘을 주지 않았는데, 사과는 왜 땅으로 떨어질까?

 아직 힘의 정체가 밝혀지지 않은 먼 옛날, 사람들은 왜 모든 물체가 땅으로 떨어지는지 궁금해하기 시작했어.

아무도 안 건드렸는데 물체는 왜 땅으로 떨어질까?

힘의 정체가 궁금해!

고대 그리스 철학자들은 눈앞에 나타나는 현상에 원인이 있다고 믿었어. 그 당시에는 자연 현상을 관찰할 도구나 정보가 거의 없어서, 철학자들은 자기 머릿속의 생각으로 세상의 이치를 알아내려고 애썼단다. 그러다 보니 더러 틀린 생각을 하기도 했지만, 남들이 하는 말을 아무 생각 없이 받아들이지 않고 스스로 원인과 결과를 밝히려 했다는 점이 중요해.

예를 들어 볼까? 고대 그리스 사람들 대부분은 신화 속 이야기

그리스 신화에서는 계절마다 밤하늘의 별자리가 달라지는 것이 아틀라스 때문이라고 한다. 하도 무거운 천구를 떠받치고 있다 보니 어깨가 아파서 주기적으로 어깨를 들썩이는데, 그때마다 천구가 조금씩 돌아가서 하늘의 별자리가 바뀐다는 것이다.

처럼 아틀라스가 하늘을 떠받치고 있다고 생각했어. 그 하늘을 '천구'라고 하는데, 천구는 '공처럼 둥근 하늘'이라는 뜻이야. 또 천구의 한가운데 지구가 있으며, 지구의 모양은 평평하다고 생각했지. 그리고 지구를 중심으로 천구, 즉 하늘이 돈다고 믿었어.

하지만 철학자들은 달랐어. 정말 지구가 평평한 것일까? 높은 산 위로 올라가서 아래를 내려다보면 지평선이 휘어져 보여. 그렇다면 지구가 둥근 모양은 아닐까 하고 고민했지. 그래야 지평선이 휘어진 게 말이 되니까.

하지만 또 한편으로는 이 생각에 의문이 들었어. 지구가 둥글다면, 지구 반대편에 있는 사람들이 어떻게 땅에 발을 붙이고 있겠어? 세상의 모든 것은 위에서 아래로 떨어지는데 말이야. 그리고 도대체 왜 모든 물체는 위에서 아래로 떨어지는 걸까?

이에 대해 기원전 4세기경, 고대 그리스의 철학자 아리스토텔레스는 이런 대답을 내놓았어.

아리스토텔레스

> 모든 물체는 자기가 태어난 곳으로 돌아가려는 성질을 지녔기 때문이지. 불꽃이나 연기가 하늘로 올라가는 것은 불과 연기가 하늘에서 태어났고, 돌멩이가 땅으로 떨어지는 것은 돌멩이가 땅에서 났기 때문이야.

힘, 옛날 옛적에…… 17

듣고 보니 그럴듯하다고? 실제로 고대 그리스 사람들은 아리스토텔레스의 생각을 사실로 믿었어. 그 당시 아리스토텔레스는 아주 뛰어난 철학자로 널리 인정받고 있었기 때문에, 그의 생각이 틀렸다고 의심하는 사람은 거의 없었다고 해. 이런 믿음은 그 뒤로 자그마치 2,000여 년 동안이나 계속되었지.

하지만 그 사이 많은 일이 벌어졌어. 사람들은 돌이 공중에서 땅바닥으로 떨어지는 이유에 대해서 여러 가지로 생각했어. 그러면서 지구에 대한 많은 비밀을 밝혀냈지. 월식 때, 달을 가리는 그림자가 지구의 그림자라는 걸 알게 되면서 지구가 둥근 모양임을 알아내기도 하고, 별자리의 움직임을 보고 지구가 태양을 중심으로 돈다는 사실도 알아냈어. 지구가 움직이는데 사람들이 그 사실을 못 느끼는 건 지구가 엄청나게 크기 때문이라는 걸 알아냈고, 모든 물체는 공중에서 '아래'로 떨어지는 것이 아니라 '지구 중심을 향해' 떨어진다는 사실도 알아냈어.

그러다가 1687년, 마침내 영국의 과학자 뉴턴이 공중에서 물체가 떨어지는 까닭을 밝혀냈어. 물체 사이에는 서로 끌어당기는 힘이 있고, 그 힘은 물체의 질량이 클수록 커지기 때문이지. 게다가 뉴턴은 지구가 태양 주위를 돌고, 달이 지구 주위를 도는 것도 모두 이 보이지 않는 힘 때문이라는 것까지 밝혀냈어.

무려 2,000여 년에 걸쳐 물체가 아래로 떨어지는 이유를 탐색하면서, 사람들은 지구와 우주에 대한 수많은 비밀을 풀게 되었단다. 그리고 그 비밀에 대한 탐색은 지금도 계속되고 있어.

뉴턴, 중력을 알아내다!

1665년의 어느 날, 뉴턴이 깊은 생각에 잠긴 채 정원을 거닐고 있었다. 하늘에는 달이 떠 있었다. '저 달은 왜 우주로 날아가 버리지 않고 늘 지구 주위를 돌까?' 그때였다. 정원의 사과나무에서 사과 하나가 툭 떨어졌다. 그것을 본 뉴턴의 머릿속에 어떤 생각이 번뜩 떠올랐다.
'그래! 사과가 떨어지는 것은 지구가 사과를 끌어당기기 때문이다. 어쩌면 저 달까지 그 힘이 영향을 미치는 것이 아닐까? 달이 다른 곳으로 가지 않고 늘 지구 주위를 도는 것은 지구가 끌어당기는 힘 때문일지도 모른다.'
뉴턴은 오랜 연구 끝에 모든 물체 사이에는 서로 끌어당기는 힘, 즉 중력이 작용한다는 사실을 수학적으로 증명해 냈다. 나아가 중력이 어떨 때 크고 어떨 때 작은지, 그 법칙도 밝혀냈다. 이렇게 뉴턴이 사과가 떨어지는 것을 보고 중력에 관한 실마리를 얻었다는 이야기는 과학사에 있어 가장 유명한 일화로 손꼽힌다.

뉴턴에게 영감을 주었다는 사과나무의 후손이에요.

생각이 크는 숲

힘의 정체를 밝혀라!

 뉴턴이 중력의 비밀을 풀어내긴 했지만, 온전히 뉴턴 혼자서 그 원리를 밝혀낸 것은 아니다. 인류 역사 속에서 물체가 땅으로 떨어지는 현상을 궁금해한 사람들의 경험과 지식이 모이고 모여서 중력의 비밀을 밝히는 자료가 된 것이다. 물론 그 과정에는 틀린 생각도 있었지만, 오류를 수정하고 새로 발전시키는 노력이 있었기에 뉴턴도 중력의 법칙을 발견할 수 있었다. 뉴턴 이후에도 우주의 비밀을 푸는 연구는 여전히 계속되고 있다.

질문 물체가 땅으로 떨어지는 이유는 무엇일까?

- 기원전 4세기

 "물체가 왜 아래로 떨어지느냐고요? 물체는 자기가 태어난 곳으로 돌아가려는 성질을 지녔기 때문에 땅으로 떨어지는 것이오. 그리고 무거운 물체일수록 지구 중심을 향해 빠르게 움직여요. 깃털보다 벽돌이 빨리 떨어지는 것만 봐도 알 수 있죠."

아리스토텔레스

- 16세기

 "프톨레마이오스가 오랫동안 별을 관찰해서 지구를 중심으로 별들이 원을 그리며 돌고 있다고 주장했죠. 하지만 지구 자리에 태양을 놓는 것이 훨씬 더 말이 됩니다. 그럼 왜 지구가 태양을 중심으로 도냐고요? 태양도 지구도 서로 끌어당기기 때문이죠. 그래서 지구는 태양으로 떨어지지 않고 태양을 중심으로 돌기만 하는 겁니다."

코페르니쿠스

16~17세기

"코페르니쿠스의 말에 일리가 있어요. 수학적으로 계산해 보면 태양을 중심으로 지구가 타원형 궤도로 돌고 있음을 알 수 있습니다. 태양이 지구를 비롯해 태양계 별들을 끌어당기고 있는 것이오."

케플러

"태양을 중심으로 지구가 움직이는 것이 맞아요. 그런데 왜 사람이 지구가 움직이는 것을 못 느끼느냐고요? 바다를 항해하는 배 안에 어항이 있다고 생각해 보세요. 배가 일정한 속도로 앞으로 나가지만, 어항 속 물고기는 그저 유유히 헤엄칠 뿐이오. 마찬가지로 지구가 일정한 속도로 돌고 있기 때문에 지구 위의 사람들은 느끼지 못하는 거요. 그리고 아리스토텔레스의 생각은 틀렸습니다. 물체가 땅으로 떨어지는 까닭은 지구가 끌어당기기 때문이며, 모든 물체는 동시에 떨어집니다. 깃털이 벽돌보다 느리게 떨어지는 건 공기 저항 때문에 속도가 줄어서 천천히 떨어지는 것뿐이에요."

갈릴레이

17세기

"갈릴레이의 주장이 옳습니다. 나는 그의 주장을 수학적으로 증명할 수 있어요. 이제부터 지구가 물체를 끌어당기는 힘을 '중력'이라고 하겠습니다. 이 중력이 지구와 태양 같은 별을 움직이게 하는 겁니다."

뉴턴

20세기

"중력은 단순히 별과 별 사이의 문제가 아닙니다. 시간과 공간에도 영향을 주지요. 질량이 클수록 시공간의 왜곡은 더욱 커집니다. 시간과 공간, 질량과 에너지가 합쳐져서 이 모든 우주 현상이 생기는 겁니다."

아인슈타인

 2 자연 현상을 만드는 기본 힘 넷

언제 어디서나 우리를 끌어당기고 있는 지구의 중력,
모든 물질 속에서 서로 밀고 당기기 바쁜 전기 알갱이들,
쇠붙이를 끌어당기는 자기 알갱이들의 힘,
원자핵 사이에 작용한 강한 핵력과 약한 핵력.
이 세상에 온갖 물질이 존재하고,
다양한 자연 현상이 일어나는 것은
이런 힘들이 끊임없이 작용하고 있기 때문이야.
우리는 평소에 그 힘을 하나도 느끼지 못하지만,
일단 힘이 무엇인지 알고 나면
힘들의 존재를 깨닫게 될 거야.

지구가 끌어당기는 힘, 중력

이 세상에서 질량이 있는 모든 물체에는 서로 끌어당기는 힘이 있어. 이것이 바로 '인력'이야. 그 중에서도 지구가 끌어당기는 힘을 '중력'이라고 하지. 중력이 작용하는 데는 몇 가지 법칙이 있단다. 그게 무엇인지 알아볼까?

첫째, 모두가 서로 끌어당긴다!

돌멩이를 들어서 허공에 놓아 보자. 돌멩이가 땅으로 떨어지지? 이렇게 돌멩이가 떨어지는 것은 지구가 돌멩이를 끌어당기기 때문이야. 이때, 돌멩이도 지구를 자기 쪽으로 끌어당기고 있어. 앞서 말했듯 질량이 있는 물체는 모두 서로 끌어당기니까.

하지만 끌어당기는 힘은 질량이 클수록 커. 지구는 돌멩이보다 훨씬 무겁지. 그러니 가벼운 돌멩이가 무거운 지구 쪽으로 끌려갈 수밖에 없겠지? 한마디로 돌멩이가 땅으로 떨어지는 것은 지구와 돌멩이가 서로 힘겨루기를 해서 덩치 큰 지구가 이긴 거라고 할 수 있어.

이 지구 위에 지구보다 크고 무거운 물체는 하나도 없어. 그래서 지구 위의 모든 물체가 지구로 끌려온단다. 사과며 깃털은 물

세상의 모든 물체 사이에는 서로 끌어당기는 힘이 작용하며, 이를 '만유인력'이라고도 한다. 지구에서는 지구가 끌어당기는 힘이 제일 커서 다른 물체가 끌어당기는 힘은 거의 없는 것과 마찬가지이다. 그래서 요즘에는 '만유인력'이 곧 '중력'으로 쓰인다.

론, 물, 산, 심지어 공기까지도 우주로 날아가지 않고 지구에 머무는 것이 바로 중력 때문이야. 지구 반대편에 있는 사람이 지구에 붙어 있는 것도 중력 때문이고. 즉, 모든 물체는 '위에서 아래'로 떨어지는 것이 아니라, '지구 중심을 향해' 떨어지는 거란다.

이렇게 서로 끌어당기는 힘은 모든 물체 사이에서 작용해. 책상 위에 놓인 연필과 지우개도 서로 끌어당기고 있고, 심지어 놀이터에 있는 시소와 미끄럼틀도 서로 끌어당기고 있지.

자연 현상을 만드는 기본 힘 넷   25

둘째, 질량이 크면 중력도 크다!

"으얍!" 기합 소리와 함께 역도 선수가 무거운 역기를 번쩍 들어 올리는 장면, 혹시 본 적 있니? 역도는 역기를 들어 올려 힘을 겨루는 경기야. 그런데 역도를 가리켜 흔히 '중력과의 싸움'이라는 표현을 쓴단다. 중력과 싸우다니, 이게 무슨 뜻일까?

지구는 늘 역기를 자기 쪽으로 끌어당기고 있어. 그래서 역도 선수가 역기를 번쩍 들어 올리려면 역기에 작용하는 지구의 중력보다 힘이 세야 해. 결국 역도 선수는 시합 때마다 지구의 중력과 힘겨루기를 하는 거야.

그렇다면 이때, 지구의 중력은 얼마나 클까? 지구의 중력은 물체에 따라 크기도 하고 작기도 해. 책 백 권을 당기는 중력과 책 한 권을 당기는 중력이 다르다는 얘기야. 그에 따라 사람이 책 백 권을 들어 올릴 때와 책 한 권을 들어 올릴 때 필요한 힘도 당연히 다르겠지?

좀 더 정확히 말하자면 중력은 물체의 '질량'에 따라 달라져. 여기서 질량이란 '물체가 가지고 있는 고유한 양'을 뜻해. 물체

지구와 한판 승부를 겨루는 역도 선수

사람의 힘

중력

의 질량은 어떤 상황에서도 절대 변하지 않는 양이란다.

그런데 우리가 흔히 무거운 물체를 두고 말할 때는 '무게'가 많이 나간다고 하지? 하지만 무게는 질량과는 뜻이 좀 달라. 질량은 절대 변하지 않지만, 무게는 중력에 따라 그 수치가 변하거든.

무게와 질량은 다르다!

흔히 무게의 단위로 사용하는 '그램(g)'이나 '킬로그램(kg)'은 무게가 아니라 질량의 단위이다. 질량은 물체가 가진 고유한 양이며, 이 질량을 끌어당기는 중력의 크기가 바로 무게이다. 따라서 무게를 나타낼 때는 질량의 단위에 중력을 뜻하는 단위 '힘(f)'을 붙여서 표현해야 정확하다.
예를 들어 질량이 1킬로그램(kg)인 물체의 무게는 정확히 말해 '1킬로그램힘(kgf)'이다. 물리학에서는 킬로그램힘(kgf)을 '뉴턴(N)'이라는 단위로도 나타내며, 1킬로그램힘(kgf)=9.8뉴턴(N)이다. 질량은 언제 어디서나 변함없지만, 무게는 질량을 끌어당기는 중력의 크기이므로, 중력에 따라 달라진다.
즉, 같은 물체라도 중력이 큰 곳에서 무게가 더 많이 나간다.
예를 들어 달의 중력은 지구 중력의 1/6이다. 만약 지구에서 무게를 쟀을 때 6킬로그램힘(kgf)인 개를 달에 데려가 무게를 재면 1킬로그램힘(kgf)으로 6배 가벼워진다.

그럼 여기서 질문 하나! 모든 물체는 서로 끌어당긴다고 했잖아? 그렇다면 책상 위에 놓인 지우개와 연필은 왜 서로 가까워지지 않는 걸까?

그건 지우개와 연필의 질량이 아주 작기 때문이야. 지구는 질량이 어마어마하게 커서 중력도 아주 커. 그래서 지구 위에 있는 모든 물체에 영향을 주지. 하지만 지우개와 연필은 지구에 비해 질량이 아주 작아. 질량이 작으니까 이 물체들 사이에 작용하는 인력도 너무 작아서 다른 물체에 아무 영향도 주지 못하는 거야.

사실 지구 위에서는 지구보다 큰 질량을 가진 것이 없어서, 다른 물체의 인력은 있으나 마나야. 그러니까 지구에서 실제로 영향력을 발휘하는 것은 지구의 중력뿐이라고 할 수 있어. 하지만 우주로 나가면 이야기가 달라져. 우주에는 질량이 큰 별이 아주 많고, 그런 별들의 중력이 서로 영향을 미치고 있거든.

태양을 예로 들어 볼까? 태양은 지구보다 질량이 훨씬 커. 그래서 지구를 끌어당기지. 지구는 태양의 중력에서 벗어나지 못해서, 태양을 중심으로 원을 그리며 돌고 있단다. 이것이 바로 '공전'이야. 그리고 달과 지구도 서로 끌어당기고 있어. 달보다 지구의 중력이 더 크기 때문에 달이 다른 곳으로 가지 않고 늘 지구 주위를 도는 거란다.

태양 주위를 도는 행성들, 태양계
항성의 중력 때문에 그 둘레를 도는 천체를 '행성'이라고 한다.
태양계 안에는 항성인 태양을 중심으로 수성, 금성, 지구, 화성, 목성, 토성, 천왕성, 해왕성이라는 8개의 큰 행성과 수많은 소행성들이 돌고 있다. 행성들이 태양의 둘레를 각자의 궤도에 따라 도는 것은 태양의 중력 때문이다.
또, 행성의 중력 때문에 그 둘레를 도는 천체는 '위성'이라고 한다. 달은 지구의 위성이다.

셋째, 거리가 멀어지면 중력이 작아진다

중력의 비밀이 하나 더 있어. 그게 뭐냐면, 거리가 멀어질수록 중력이 약해진다는 거야. 그것도 거리가 멀어지는 만큼만 약해지는 게 아니라 그 제곱으로 약해져.

거리가 2배 멀어지면 중력은 2의 제곱, 즉 4배로 줄어들어. 또 거리가 3배 멀어지면 중력은 3의 제곱인 9배로 줄어들지. 그럼, 거리가 10배 멀어지면 어떻게 될까? 맞아, 무려 100배나 약해져.

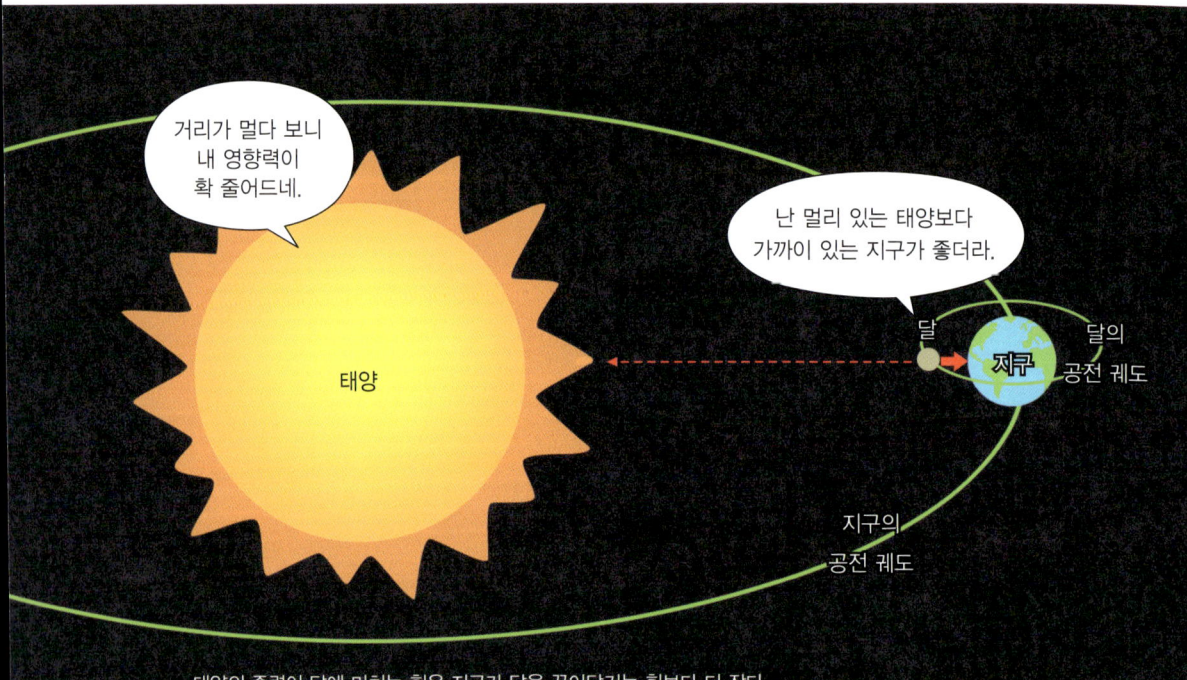

태양의 중력이 달에 미치는 힘은 지구가 달을 끌어당기는 힘보다 더 작다.
결국, 달은 중력이 커도 거리가 먼 태양보다, 중력이 작아도 거리가 가까운 지구 주위를 돌게 된다.

질량만 놓고 비교하면 태양은 지구보다 훨씬 크지만, 태양은 달과 아주 멀리 떨어져 있어서 달을 끌어당기는 힘이 약한 거야.

이처럼 우주의 별들 사이에는 저마다 중력이 작용하고 있어. 그 힘의 크기는 질량과 거리에 따라 모두 달라서 수성, 금성 같은 행성은 지구처럼 태양 주위를 돌고, 또 어떤 천체들은 지구나 목성, 토성 주위를 돌기도 해.

알고 보니 중력은 정말 대단한 힘이지? 평소에 우리는 중력이 작용하는 것을 느끼지도 못하잖아. 그런데도 중력은 구석구석 닿지 않는 곳이 없고, 작은 돌멩이부터 우주의 별들까지 온 세상을 움직이고 있으니 말이야!

같으면 밀고 다르면 당기는 힘, 전자기력

공중에서 돌멩이를 놓으면 돌멩이가 아래로 떨어져. 이처럼 중력은 떨어져 있어도 물체를 움직이지. 자연에는 중력처럼 물체에 직접 닿지 않고도 작용하는 힘이 또 있단다.

전기력이 있어!

기원전 7세기 무렵의 일이야. 그리스에서 어떤 사람이 마술을 선보였어. 그는 손을 대지 않고 탁자 위에 놓인 깃털을 끌어당겨 움직였단다. 그 사람이 마술사였느냐고? 아니, 그는 탈레스라는 철학자였어.

탈레스가 깃털을 끌어당길 수 있었던 비결은 호박이라는 보석 덕분이었어. 호박은 나무의 진이 굳어서 만들어진 돌인데 호박을 털옷에 문지르고 나면 깃털이나 먼지같이 작고 가벼운 물체를 끌어당길 수 있단다. 탈레스는 호박의 그런 성질을 우연히 발견하고는 마치 마술을 부리듯 손대지 않고 깃털을 움직였던 거야.

생각해 보면 정말 신기하지 않니? 어떻게 손도 대지 않았는데 물체가 움직였을까? 중력도 물체를 움직이지만 무조건 위에서 지구 중심을 향해 움직이게 하지. 그런데 깃털은 호박을 가져다 대는 방향으로 끌려갔으니, 여기에 작용한 힘은 중력이 아니야.

그럼 도대체 어떤 힘이 깃털을 움직이게 했을까? 호박이 깃털을 끌어당긴 힘은 바로 '전기력'이야. 전기력은 전기 알갱이 사이에서 작용하는 힘이란다. 전기 알갱이는 모든 물질 속에 가득 들어 있어. 전기 알갱이는 양(+)전기를 띤 것과 음(-)전기를 띤 것 두 가지가 있지.

전기 알갱이들은 물질 속에서 잠시도 가만 있지 않아. 같은 성질을 띤 알갱이끼리는 서로 밀어내고, 다른

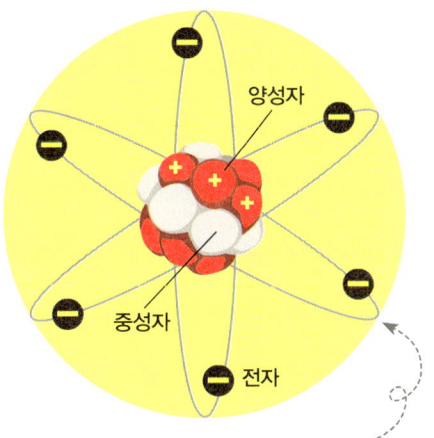

물질을 이루는 최소 단위를 '원자'라고 해요. 원자는 전기적으로 양(+)전기를 띠는 양성자와 전기를 띠지 않는 중성자, 음(-)전기를 띠는 전자로 이루어져요.

알갱이끼리는 서로 끌어당기느라 쉴 틈이 없지. 다만, 모든 물질 속에는 양전기 알갱이와 음전기 알갱이가 똑같은 개수로 들어 있어서, 밀어내는 힘과 끌어당기는 힘이 언제나 균형을 이룬단다. 이렇게 힘이 균형을 이룰 때는 전기력을 느낄 수 없어.

그러다가 물질끼리 서로 마찰을 일으키면 힘의 균형이 깨져. 한 물질은 음전기를 띤 알갱이를 내보내고, 다른 물질은 그 알갱이를 받아들이거든. 그러면 음전기 알갱이를 내보낸 물질에는 상대적으로 양전기 알갱이가 많아져서 전체적으로 양전기의 성질을 띠게 돼. 반대로 음전기 알갱이를 받아들인 물질은 음전기의

성질을 띠게 되지. 이렇게 힘의 균형이 깨져서 한쪽 힘이 세지면 같은 성질은 밀어내고 다른 성질은 끌어당기는 '전기력'이 작용하게 된단다.

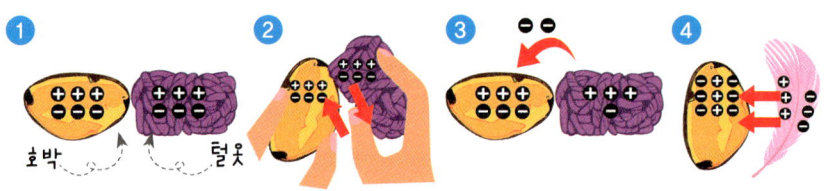

❶ 호박과 털옷을 준비한다. ❷ 호박에 털옷을 문지른다. ❸ 털옷의 음전기 알갱이가 호박으로 이동한다.
❹ 음전기 알갱이가 더 많아진 호박에 깃털을 가져다 대면, 깃털 속 양전기 알갱이가 호박 쪽으로 끌려가 깃털이 호박에 달라붙는다.

털옷에 문지른 호박이 발휘하는 전기력은 깃털이나 먼지처럼 가벼운 것만 끌어당길 수 있어. 하지만 같은 알갱이끼리는 밀어내고, 다른 알갱이끼리는 끌어당긴다는 전기 알갱이의 성질을 잘 이용하면 훨씬 큰 전기력의 효과를 볼 수 있어.

형광등을 켜고, 다리미로 옷을 다리고, 건전지를 넣어 장난감을 움직일 수 있는 것이 모두 전기력 덕분이지. 그뿐 아니라 전기 자동차를 움직이고, 사람 힘으로는 움직일 수 없는 공장의 커다란 기계를 작동시키는 데도 전기력을 이용한단다.

음전기 알갱이를 내보내는 물질
vs 받아들이는 물질

두 물체를 문지를 때 물질에 따라 전기 알갱이를 잘 내보내거나 잘 받아들이는 정도가 다르다.

← 음전기 알갱이를 잘 내보내는 물질 | 음전기 알갱이를 잘 받아들이는 물질 →

피부 > 유리 > 머리카락 > 털옷 > 종이 > 면 **VS** 쇠 < 나무 < 호박 < 고무 < 금 < 플라스틱

멀리 있는 것끼리 문지를수록 음전기 알갱이를 많이 주고받아 큰 전기력이 생긴다.

자기력이 있어!

전기력처럼 알갱이끼리 서로 밀고 당기는 힘이 또 있어. 바로 '자기력'이야. 자기력은 자기 알갱이 사이에서 작용하는 힘이란다. 주변을 둘러보면 자석 하나쯤은 쉽게 찾을 수 있을 거야. 쇠붙이를 끌어당기는 자석의 힘이 바로 자기력이야.

자석의 성질은 다 알지? 같은 극끼리는 밀어내고, 다른 극끼리는 끌어당긴다는 것 말이야. 그러고 보니 전기력과 자기력은 서로 똑 닮았구나! 둘 다 같은 알갱이끼리는 밀어내고 다른 알갱이끼리는 끌어당기니까. 그래서 전기력과 자기력을 묶어서 '전자기력'이라고 부르기도 해.

자연 현상을 만드는 기본 힘 넷 **35**

그런데 전기력과 자기력은 비슷하면서도 조금 달라. 전기 알갱이는 모든 물질 속에 존재하고, 음전기 알갱이와 양전기 알갱이가 따로 있어. 반면 자기 알갱이는 특정한 물질에만 있고, 하나의 알갱이에 N극과 S극이 함께 있어. 그 상태로 같은 극끼리는 밀어내고 다른 극끼리는 끌어당기다 보니, 자석 안에 있는 자기 알갱이들은 모두 한 방향으로 가지런히 늘어서게 된단다. 그래서 N극 알갱이들이 향하는 방향은 자석의 N극이 되고, S극 알갱이들이 향하는 방향은 S극이 되지.

그럼, 자기 알갱이는 자석 안에만 있을까? 그렇지 않아. 못이나 클립 같은 쇠붙이 안에도 자기 알갱이가 있어. 다만 이런 쇠붙이 안에는 자기 알갱이들이 여러 방향으로 마구 흐트러져 있지.

이렇게 자기 알갱이가 흐트러져 있으면 자기력이 작용하지 않

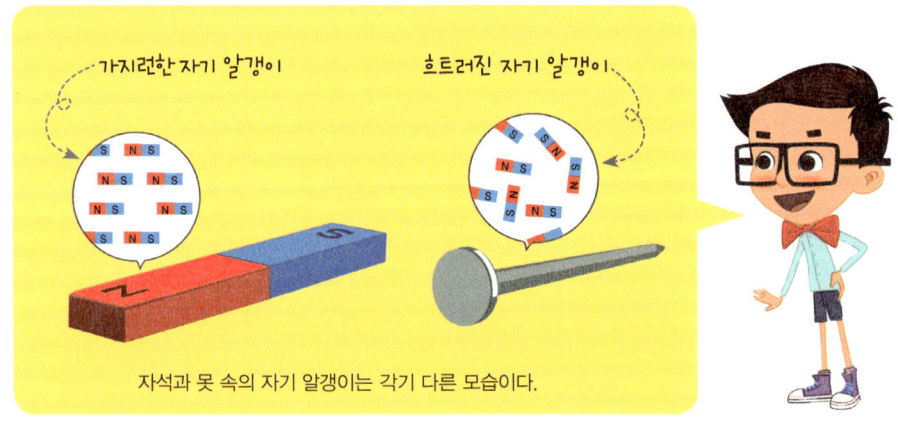

자석과 못 속의 자기 알갱이는 각기 다른 모습이다.

아. 하지만 자석을 가까이 가져가면 쇠붙이 안에 있는 자기 알갱이들이 한 방향으로 가지런히 줄을 선단다.

예를 들어 자석의 N극을 갖다 대면 쇠붙이 안의 자기 알갱이들이 S극-N극, S극-N극, S극-N극……이렇게 늘어서지. 그러면서 일시적으로 자기력이 생겨서 자석에 철썩 달라붙는 거야. 그러다가 자석을 떼면 다시 원래대로 흐트러져서 자기력도 잃어버려.

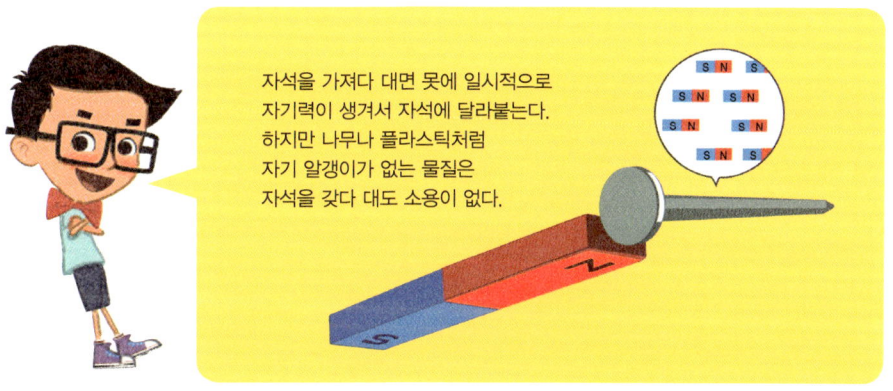

자석을 가져다 대면 못에 일시적으로 자기력이 생겨서 자석에 달라붙는다. 하지만 나무나 플라스틱처럼 자기 알갱이가 없는 물질은 자석을 갖다 대도 소용이 없다.

자기력도 전기력처럼 잘 이용하면 아주 큰 힘을 낼 수 있어. 특히 자석이 아닌 물체에 전기를 흘려서 일시적으로 자석을 만들 수 있는데 이런 물체를 '전자석'이라고 해.

전자석은 원하는 대로 자기력을 만들었다가 없앨 수 있어서 아주 편리해. 선풍기, 버스 카드, 발전기 같은 수많은 기계 장치들 속에 전자석이 들어 있단다.

> 활동

못으로 자석 만들기

준비물: 못, 막대자석, 클립, 망치

1. 못의 한쪽 끝을 손으로 눌러 고정하고, 막대자석으로 여러 번 문지른다.
   이때, 반드시 한 방향으로만 문질러야 한다.
2. 자석으로 문지른 못을 클립 가까이에 대 본다.
3. 못을 망치로 여러 번 두드린 다음 클립 가까이에 대 본다.

어떻게 될까?

자석으로 문지른 못에 클립이 달라붙는다.
하지만 못을 망치로 두드린 뒤에는 클립이 붙지 않는다.

왜 그럴까?

자석으로 못을 문지르면 못 안에 흐트러져 있던 자기 알갱이들이 가지런히 정돈되어 못이 자석으로 변한다. 하지만 자석으로 변한 못에 충격을 주면 자기 알갱이들이 도로 흐트러져 자기력을 잃는다. 막대자석도 불에 달구거나 망치로 한참 두드려 충격을 주면 자기 알갱이들이 흐트러져 자기력을 잃는다.

아주 작은 세계에서 작용하는 두 가지 힘, 핵력

이번에는 조금 어려운 힘에 대해 알아볼 거야. 이 힘은 개념이 많이 어려워. 그래서 이번에는 간단하게 살펴볼게.

물리학자들은 자연 현상을 말할 때, 이 세상에 기본적으로 존재하는 네 가지 힘을 바탕으로 설명하곤 해. 그 첫 번째가 중력이고, 두 번째가 전자기력이야. 그럼 세 번째, 네 번째 힘은 뭘까? 지금부터 알아볼 '핵력'이라는 힘이야. 핵력에는 '강한 핵력'과 '약한 핵력'이 있어.

강한 핵력은 한마디로 '원자핵을 만드는 힘'이야. 그리고 약한 핵력은 '원자핵 속에서 작용하는 힘'이고. 어렵다고? 자, 들어 봐.

이 세상의 모든 물질은 '원자'라고 하는 아주 작은 알갱이로 이루어져 있어. 이 원자의 중심부를 이루는 더 작은 알갱이가 바로 '원자핵'이야. 그리고 이 원자핵은 '양성자'와 '중성자'라는 더 작

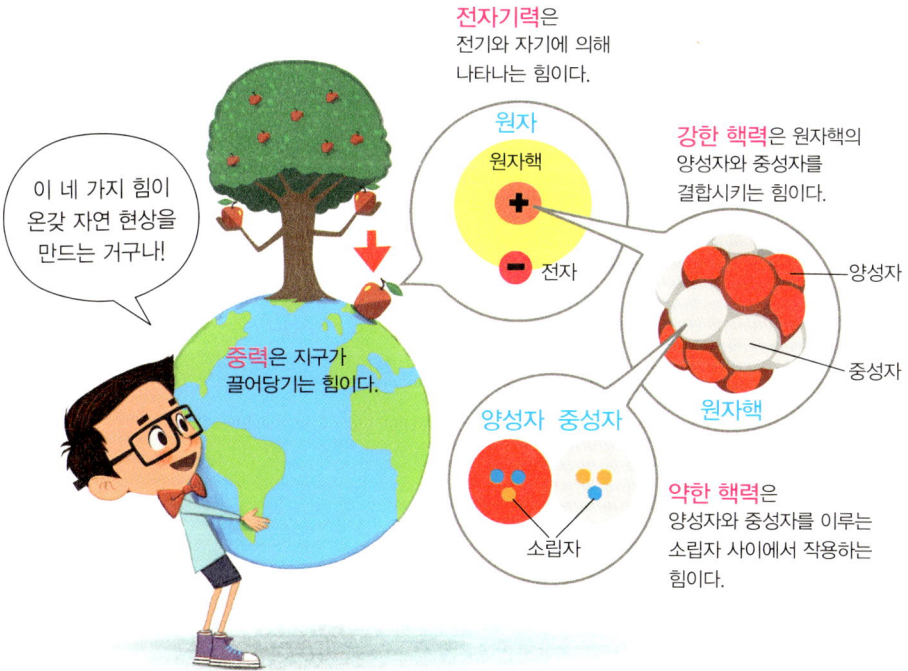

은 알갱이들이 뭉쳐서 이루어지지.

　이때, 양성자와 중성자를 한 덩어리로 뭉쳐 주는 힘이 바로 강한 핵력이란다. 그리고 이렇게 만들어진 원자핵 속에는 또 다른 힘이 작용하고 있는데, 이 힘은 강한 핵력보다 약해서 약한 핵력이라고 불러.

　그러니까, 핵력은 세상을 이루는 가장 작은 알갱이를 만들고, 그 알갱이 속에서 작용하는 힘이라고 할 수 있어.

　핵력에 대해서는 이 정도만 알아두자. 핵력에 대해 더 알고 싶다면 과학 지식을 차근차근 더 쌓은 다음 공부해도 늦지 않거든.

　중력과 전자기력, 강한 핵력, 약한 핵력은 저마다 크기도 다르고 성질도 다르지만, 한 가지 공통점이 있어. 모두 물체에 직접 닿지 않고도 밀거나 당기는 힘을 발휘한다는 점이지.

　이 세상에 온갖 물질이 존재하고, 다양한 자연 현상이 일어나는 것은 이 힘들이 끊임없이 작용하고 있기 때문이야. 그래서 이 네 가지 힘을 '자연 현상을 만드는 기본 힘'이라고 할 수 있단다.

자연 현상을 만드는 기본 힘 넷

자연에는 기본적으로 존재하는 네 가지 힘이 있다. 바로 중력, 전자기력, 강한 핵력, 약한 핵력이다. 자연에서 일어나는 모든 현상은 바로 이 네 가지 힘 때문에 생긴다.

1. 중력

- 중력은 질량을 가진 모든 물체 사이에 작용한다.
- 중력은 질량에 비례한다. 즉, 질량이 큰 물체에는 중력이 크게 작용하고, 질량이 작은 물체에는 중력이 작게 작용한다.
- 중력은 거리의 제곱에 반비례한다. 즉, 물체 사이의 거리가 멀어질수록 중력은 곱절로 작아진다.

2. 전자기력

- 전기력은 전기 알갱이 사이에 작용하는 힘이고, 자기력은 자기 알갱이 사이에 작용하는 힘이다.
- 전기력과 자기력은 같은 알갱이끼리는 서로 밀어내고, 다른 알갱이끼리는 끌어당긴다.

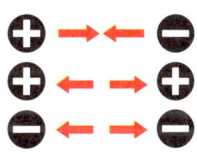

3. 강한 핵력

- 물질을 이루고 있는 가장 작은 알갱이를 원자라고 하는데, 원자의 중심인 원자핵을 만드는 힘이 바로 강한 핵력이다.

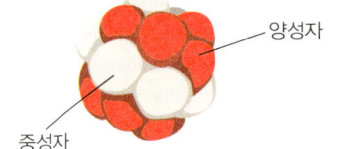

4. 약한 핵력

- 양성자와 중성자 속에서 작용하는 힘을 약한 핵력이라고 한다.

※ 힘의 크기는 강한 핵력(10^{40}) > 전자기력(10^{38}) > 약한 핵력(10^{26}) > 중력(1) 순이다.

> 생각이 크는 숲

보이지 않는 힘이 만들어 낸 현상

힘 자체는 보이지 않지만, 여러 가지 현상을 통해 힘의 존재를 확인할 수 있다. 자연의 힘이 만들어 낸 현상들을 살펴보자!

중력이 만든 현상

우주에는 수많은 우주 암석이 떠다니는데, 이들이 지구 가까이 다가오다가 지구의 중력 범위 안에 들어오면 중력에 이끌려 지구로 떨어진다. 이것이 바로 '별똥별'이다. 대부분 크기가 작아서 대기권을 통과하는 동안에 공기와 마찰하면서 불타 없어지는데, 그 중에 크기가 유독 큰 것은 다 타 버리기 전에 땅 위에 떨어진다. 이를 운석이라고 한다. 우주에서부터 엄청난 속도로 떨어진 운석은 지구의 표면에 커다란 흔적을 남긴다.

미국 애리조나 주의 운석 구덩이

전자기력이 만든 현상

공기 중 수증기가 태양열을 받아 뜨거워지면 하늘로 올라가 구름이 된다. 이때, 구름 속 얼음 알갱이들은 격렬하게 움직이면서 서로 부딪히는데, 이 때문에 음전기 알갱이와 양전기 알갱이가 분리된다. 분리된 음전기 알갱이는 구름 아래쪽에 모인다. 땅 위에서는 양전기 알갱이가 지표면에 모이면서 점점 더 성질의 차이가 커진다. 이 차이가 너무 커지면 공중에서 방전이 일어나면서 번쩍 하고 불꽃이 튄다. 이것이 바로 번개이다.

하늘에서 치는 번개

핵력이 만든 현상

원자핵은 핵력에 의해 한 덩어리로 뭉쳐 있는데, 우라늄 같은 특정 원소에 특별한 힘을 주면 원자핵이 쪼개지면서 엄청난 열에너지를 낸다. 이 원리를 이용해 만든 폭탄이 원자 폭탄이다. 원자 폭탄이 터지면 주변의 온도가 수백만 도 이상 올라가면서 뜨거운 폭풍이 일어난다.

원자 폭탄의 폭발 모습

3 세상의 조화를 이루는 다양한 힘들

인류의 역사가 시작된 이래,
사람들은 찬란한 문명을 쌓아 가며 오늘날에 이르렀어.
이제 우리는 고층 건물에서 살고 비행기와 차를 타고 이동하며,
최첨단의 과학 문명을 누리며 살고 있지.

그런데 만약 이 세상에서 힘이 사라지면 어떤 일이 벌어질까?
길을 걷지도 못하고 손으로 물체를 잡을 수도 없을 거야.
집을 지을 수도 없고 자동차를 타고 다닐 수도 없어.
도대체 왜 그러냐고?
그건 바로 우리가 사는 세상이
다양한 힘들이 서로 균형을 이루며 작용하는 곳이기 때문이지.

미끄러지지 않게 붙들어 줄게, 마찰력

한겨울에 빙판길 위를 걷다 보면 미끄러지지 않으려고 조심조심 걷게 돼. 그런데 이상하지 않니? 얼음이 얼기 전에는 성큼성큼 잘 걸을 수 있었는데, 왜 빙판이 되면 조심조심 걸어야 할까?

그건 평소에 우리를 미끄러지지 않게 붙들어 주던 힘이 약해졌기 때문이란다. 그 힘을 '마찰력'이라고 해. 마찰력은 물체가 움직이는 것을 방해하는 힘이야. 평소에는 얌전히 있다가, 물체가 움직이려고 하면 물체가 움직이려는 반대 방향으로 힘을 발휘하지.

예를 들어 바닥에 놓인 물체를 밀어서 옮기려고 하면, 물체와 바닥이 맞닿은 부분에서 마찰력이 작용해. 방금 말했듯이 우리가 힘을 주는 반대 방향으로! 그러니까 물체를 밀어서 옮기려면 마찰력이랑 힘겨루기를 해서 이겨야 한다는 뜻이기도 해.

마찰력은 물체의 표면이 울퉁불퉁해서 생기는 힘이야. 우리 눈에 아무리 매끄러워 보이는 물체라도 아주 크게 확대해서 보면

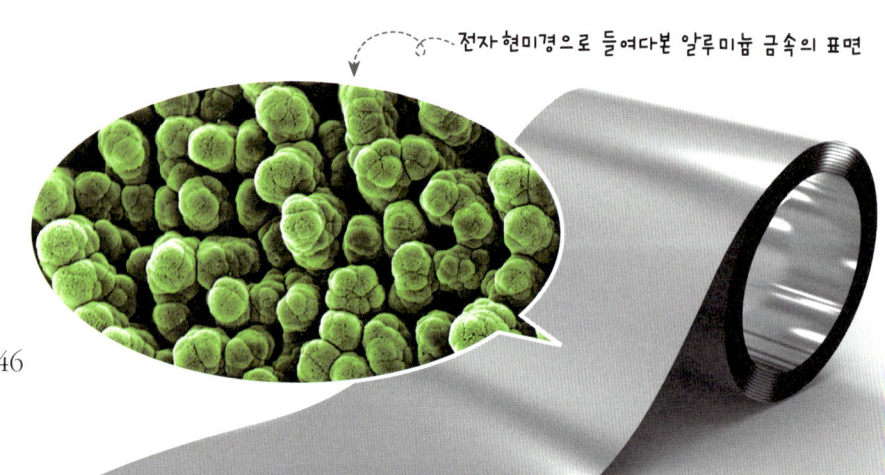

전자 현미경으로 들여다본 알루미늄 금속의 표면

표면이 울퉁불퉁하거든. 그러다 보니 물체끼리 서로 맞닿은 상태에서 움직이려 하면 울퉁불퉁한 면끼리 서로 긁히면서 움직임을 방해하게 돼. 그 힘이 바로 마찰력이지.

그럼 빙판에서 미끄러지지 않으려면 어떻게 하는 것이 좋을까? 길을 울퉁불퉁하게 만들어서 마찰력을 키우면 되겠지? 꽁꽁 언 빙판에 사람들이 모래나 연탄재를 뿌리는 게 바로 이 때문이란다. 모래나 연탄재 부스러기 덕분에 마찰력이 커지거든.

마찰력은 물체가 서로 맞닿은 면이 울퉁불퉁 거칠수록 커진다.

마찰력은 물체의 무게가 무거울수록 커진다.

이처럼 마찰력이 클수록 이로운 물건을 자세히 살펴보면, 표면에 홈이 파져 있거나 일부러 거칠게 만들어서 잘 미끄러지지 않게 한 경우가 많아. 반대로 마찰력이 작아야 좋은 물건도 있어. 표면을 매끄럽게 코팅해서 음식이 잘 눌어붙지 않게 만든 프라이팬 같은 것들이 바로 그런 경우야.

마찰력이 커야 좋은 경우

돌려 따는 병뚜껑

병뚜껑 둘레에 촘촘하게 홈이 파여 있어서 손이 미끄러지지 않고 뚜껑을 따기 편리하다.

등산화

밑창이 울퉁불퉁한 등산화를 신으면 바위 위나 비탈길에서 잘 미끄러지지 않는다.

빙판길에 연탄재 뿌리기

미끄러운 빙판길 위에 연탄재나 모래 따위를 뿌리면 마찰력이 커져서 걷기가 쉬워진다.

마찰력이 작아야 좋은 경우

물 미끄럼틀

수영장의 미끄럼틀에 물을 흘리면 미끄럼틀과 몸 사이의 마찰력이 작아져서 더 잘 미끄러진다.

프라이팬

프라이팬 표면을 매끄럽게 코팅하면 마찰력이 작아져서 음식이 달라붙지 않는다.

컬링 경기

솔이 달린 막대로 바닥을 문지르면 얼음판의 표면이 매끄러워져서 마찰력이 줄어든다. 이렇게 하면 스톤을 원하는 방향으로 더 멀리 보낼 수 있다.

마찰력을 줄이는 방법에는 무엇이 있을까?

1. 물체와 물체가 만나는 면을 없앤다!

땅 위를 달리는 이동 수단 중 가장 빠른 것은 아마 시속 500킬로미터로 달릴 수 있는 자기 부상 열차일 것이다. 자기 부상 열차가 이토록 빨리 달릴 수 있는 까닭은 마찰력을 최소한으로 줄였기 때문이다. 일반 열차는 바퀴와 레일 사이에 발생하는 마찰력 때문에 속도를 높이는 데 한계가 있다. 자기 부상 열차는 이런 단점을 극복하기 위해 바퀴를 없애고, 열차를 공중에 띄워서 바퀴와 레일이 닿는 면을 없애 버렸다. 이렇게 공중에 뜬 열차와 레일 사이에는 마찰력이 생기지 않아 속도를 훨씬 높일 수 있다. 그럼 어떻게 열차가 공중에 떠오를 수 있을까?

열차와 레일에 전기를 흘려 같은 극이 되면, 같은 극을 밀어내는 성질 때문에 열차가 공중으로 떠오르지요.

이는 전기가 흐를 때만 자석이 되는 '전자석의 원리'를 이용한 것이다. 즉, 열차가 달릴 때만 전기를 흘려 열차와 레일이 서로 같은 극을 띠게 하면, 같은 극끼리 서로 밀어내는 자석의 힘에 의해 열차가 공중에 뜬다.

2. 마찰력을 줄이는 형태로 만든다!

새와 물고기의 몸은 앞쪽이 둥글고 뒤로 갈수록 뾰족한 '유선형'을 하고 있다. 유선형은 공기와 물이 가장 자연스럽게 흘러갈 수 있는 형태다. 그래서 새는 하늘을 날 때 공기와 부딪히는 마찰력을 줄일 수 있고, 물고기는 헤엄칠 때 물과 부딪혀서 생기는 마찰력을 줄일 수 있다. KTX 열차와 비행기, 자동차, 배 등을 모두 유선형으로 만드는 까닭 역시 공기나 물과의 마찰력을 줄이기 위해서이다.

유선형 몸을 가진 오리

오리처럼 유선형으로 제작하여 마찰력을 줄인 비행기

원래대로 돌아갈래, 탄성력

우리 주변에는 힘을 받으면 모양이 변했다가 힘이 없어지면 다시 원래 모양으로 돌아오는 물체들이 있어. 가장 쉽게 볼 수 있는 것은 고무줄이야. 고무줄을 손으로 잡아당기면 죽 늘어나고, 손을 놓으면 다시 처음처럼 줄어들잖아. 용수철도 그래. 용수철을 손으로 누르면 길이가 줄어들었다가 손을 떼면 원래 모양대로 펴지지. 우리 주변에 그런 물체들을 더 찾아볼까?

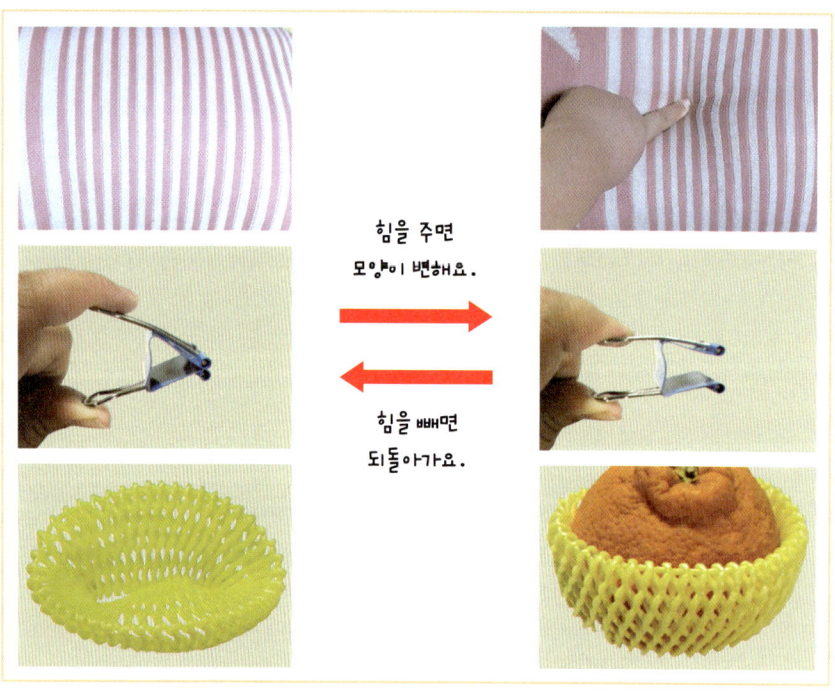

이렇게 힘을 받아 모양이 변했다가 힘이 없어지면 원래대로 돌아오는 성질을 '탄성'이라고 해. 모든 물체는 탄성을 지니고 있는데, 탄성의 크기는 물체마다 달라.

예를 들어 고무찰흙을 잡아당겼다가 놓으면 죽 늘어난 채 그대로 있잖아? 늘어난 고무찰흙이 원래 모양대로 오므라들지 않는 까닭은 탄성이 아주 작기 때문이야. 반대로 고무줄이나 용수철이 늘어났다가 원래대로 돌아오는 것은 탄성이 크기 때문이지. 이때, 물체가 원래 모양으로 돌아오는 힘을 '탄성력'이라고 해.

탄성력에는 몇 가지 성질이 있단다. 어떤 성질인지 그림과 함께 살펴볼까?

탄성력은 물체에 힘을 주는 방향과 반대로 작용한다.
그래서 물체에 준 힘을 없애면 다시 원래대로 돌아간다.

당기는 방향 　　　　　 탄성력의 방향

탄성력은 물체에 큰 힘을 줄수록 커진다.
용수철을 살짝 당기면 조금 늘어나고, 세게 당기면 많이 늘어난다. 이때 조금 늘어난 용수철이 원래대로 돌아오려면 탄성력도 조금만 있으면 된다. 하지만 많이 늘어난 용수철이 원래대로 돌아오려면 그만큼 큰 탄성력이 필요하다. 그래서 탄성력은 물체에 주는 힘에 비례해서 커진다.

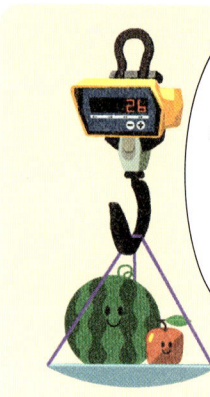

탄성력은 한계가 있어서, 한계 이상의 힘을 받으면 원래대로 돌아가지 못한다.
탄성력에는 한계가 있어서, 어느 정도까지는 물체에 힘을 주는 만큼 탄성력도 똑같이 커지지만, 그 한계를 넘어서면 탄성력이 아예 작용하지 않게 된다. 이렇게 탄성력이 버틸 수 있는 한계를 '탄성 한계'라고 한다.

탄성력에 몸을 싣고 뛰어 보자, 팔짝!

트램펄린은 용수철의 탄성력을 이용한 놀이 기구이다. 질기고 튼튼한 천의 가장자리에 용수철을 빙 둘러 매단 다음, 용수철의 반대쪽 끝을 단단한 금속 틀에 매달아 만든다. 우리가 발을 굴러 트램펄린을 누르면 용수철이 늘어나면서 천이 아래로 쑥 꺼진다. 하지만 용수철은 워낙 탄성력이 커서 금세 원래대로 줄어든다. 이렇게 용수철이 줄어들 때 작용한 탄성력이 우리 몸을 위로 솟구치게 만드는 것이다.

용수철은 뛰어난 탄성력으로 우리가 다시 트램펄린 위로 떨어질 때 다치지 않게 해 준다. 만약, 우리가 높은 곳에서 딱딱한 바닥으로 떨어진다면 바닥과 부딪힌 충격이 고스란히 몸으로 전해져서 크게 다치고 말 것이다. 하지만 탄성이 좋은 트램펄린 위에 떨어지면 우리 몸이 받을 충격을 용수철이 늘어나면서 흡수해 주기 때문에 다치지 않는다.
같은 이유로 번지 점프를 할 때도 탄성력이 좋은 줄을 사용한다. 만일 탄성이 하나도 없는 줄이라면, 줄이 다 펴지는 순간 우리 몸은 큰 충격을 받아 끔찍한 일이 벌어지고 말 것이다.

꾹 눌러 봐, 압력

필통에서 뾰족하게 깎인 연필을 하나 꺼내 봐. 그리고 연필심 쪽으로 손바닥을 눌러 봐. 살짝 눌렀는데도 꽤 아프지? 이번에는 연필 뒤쪽으로 손바닥을 살짝 눌러 볼래? 하나도 안 아프지? 그래도 더 세게 누르면 역시 아프긴 아프지.

방금 우리는 연필로 손바닥을 눌렀어. 이때, 연필이 '누르는 힘'이 손바닥에 느껴졌지? 이렇게 두 물체가 만나서, 만나는 면을 경계로 하고 서로 그 면에 수직으로 누르는 힘을 '압력'이라고 해. 압력에는 다음과 같은 성질이 있어.

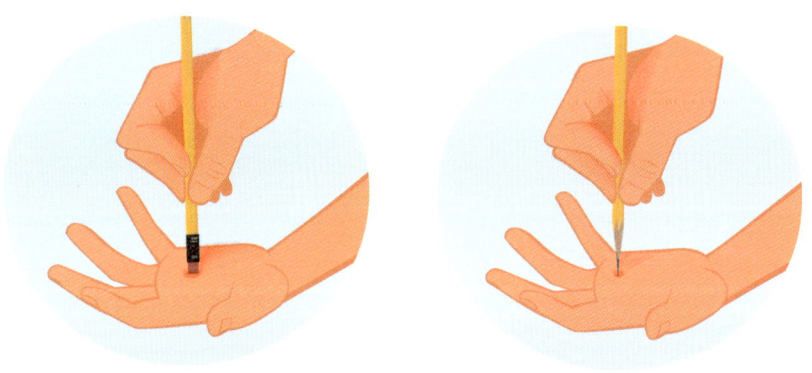

압력은 큰 힘을 줄수록 커진다. 또, 압력은 같은 힘으로 눌러도 힘을 받는 면적이 좁을수록 세진다.

> 활동

이쑤시개 위에 반숙 달걀 올리기

준비물: 반숙 달걀, 이쑤시개

1. 이쑤시개 3개 위에 삶아서 껍질을 깐 말랑말랑한 달걀을 올려 보자. 어떤 일이 벌어질까?
2. 이번에는 이쑤시개를 한 주먹 모아 놓고 그 위에 달걀을 올려 보자. 어떤 일이 벌어질까?

이쑤시개의 수에 따라 달걀이 받는 압력이 달라져!

같은 달걀을 이쑤시개의 수만 달리하여 올려놓는다.

어떻게 될까?

1. 이쑤시개가 말랑말랑한 달걀을 푹 파고든다.
2. 이쑤시개 위에 달걀이 가만히 올라앉아 있다.

왜 그럴까?

이쑤시개 3개 위에 달걀이 올라가면, 달걀의 무게가 주는 압력이 이쑤시개 3개에 집중된다. 이 경우 압력이 커서 이쑤시개의 날카로운 끝이 달걀을 뚫고 들어간다. 하지만 이쑤시개의 양이 한 줌이 되면, 달걀의 무게가 주는 압력이 수많은 이쑤시개에 분산되어 이쑤시개 하나하나에 가해지는 압력이 작아진다. 압력이 작아졌기 때문에 이쑤시개의 끝이 달걀을 뚫고 들어가지 못한다.

압력 분산하기 vs 압력 모으기

눈이 많이 쌓인 눈밭을 걸으면 발이 푹푹 빠지기 십상이다. 그래서 눈이 많이 오는 지역에 사는 사람들은 '설피'라는 것을 만든다. 가는 나뭇가지를 삶아서 뜨거울 때 둥글게 말아 모양을 잡은 다음, 줄을 엮어 발판처럼 만든 것을 신발 바닥에 대고 단단하게 묶은 것이 설피이다.

설피를 신으면 눈 속으로 발이 빠지지 않는다. 그 까닭은 눈 위에 작용하는 압력이 넓게 퍼지기 때문이다. 보통 신발을 신고 눈 위를 걸으면 우리 몸무게가 신발의 좁은 면적에 모두 실려서 압력이 한곳에 크게 작용한다. 하지만 설피를 신으면 우리 몸이 누르는 힘이 설피의 넓은 면적에 골고루 나뉘어 전해진다. 그러면 한곳에 작용하는 압력이 줄어드니까 발이 빠지지 않는다.

스키나 스노보드도 마찬가지다. 바닥이 넓은 만큼 한곳에 작용하는 압력이 작아서 눈 속에 빠지지 않고 신나게 미끄러져 내려올 수 있다.

면적을 넓혀서 압력을 분산하는 설피

면적을 좁혀서 압력을 모으는 압정

이와 반대로 압정이나 송곳, 칼날은 좁은 면적에 힘이 집중되는 원리를 이용한 것이다. 만약 압정의 끝이 뭉뚝하거나 평평하다면 강한 힘으로 눌러도 힘이 분산되어 잘 꽂히지 않을 것이다. 하지만 끝을 뾰족하게 만들면 누르는 힘이 모두 뾰족한 부분에 집중되어서 단단한 물체도 뚫을 수 있다.

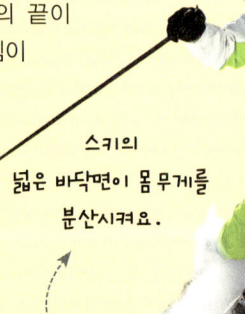

스키의 넓은 바닥면이 몸 무게를 분산시켜요.

공기와 물이 누르는 힘, 기압과 수압

공기가 누르는 힘, 기압

우리가 태어나면서부터 언제 어디서나 우리 몸을 누르는 게 있어. 그게 무엇이냐고? 바로 공기야. 눈에 보이지도 않고 무게도 없을 것 같지만, 공기가 누르는 압력은 생각보다 크단다. 이렇게 공기가 누르는 압력을 '기압'이라고 해.

공기는 형체도 없고 한없이 가벼워서 공기가 무엇을 누른다는 게 잘 실감 나지 않을 거야. 하지만 의외로 공기는 무겁단다. 평상시에 공기는 1기압의 힘으로 우리 몸을 누르고 있어.

1기압은 1제곱센티미터의 면적을 1킬로그램의 무게로 누르는 것과 같아. 이런 식으로 우리 몸 전체가 받는 기압을 다 합치면 15톤 정도가 돼. 15톤이면 중형 승용차 10대의 무게와 맞먹는단다.

그런데 신기하지? 그렇게 큰 압력을

우리 몸 안에는 바깥으로 밀어내는 힘이 있어. 이 힘과 기압이 같기 때문에 기압에 짓눌리지 않는 거야.

받고 있는데도, 우리 몸에 탈이 나기는커녕 아예 기압을 느끼지도 못하고 있으니 말이야.

이유가 뭘까? 그건 공기가 우리를 누르는 만큼 우리 몸도 똑같은 힘으로 공기를 밀어내기 때문이야. 우리 몸의 압력과 공기의 압력이 균형을 이루고 있기 때문에 기압을 못 느끼는 거란다.

활동

눈에 보이는 기압

준비물: 빈 우유갑, 빨대, 접착테이프

1. 빈 우유갑에 빨대를 꽂고, 빨대 이외의 틈으로 공기가 드나들지 못하게 접착테이프를 꼼꼼히 붙인다.
2. 빨대를 입에 물고 우유갑 안에 있는 공기를 빨아들인다.

어떻게 될까?
우유갑이 찌그러진다.

왜 그럴까?
빨대를 입에 물고 공기를 빨아들이면 우유갑 안에 있던 공기가 우리 몸으로 들어온다. 그러면 우유갑 안의 공기가 줄어들어서 바깥쪽으로 미는 힘도 약해진다. 그렇지만 우유갑 바깥에서는 변함없이 많은 공기가 우유갑을 누르고 있다. 빨대로 공기를 계속 빨아들이면 우유갑 안의 기압이 점점 낮아지고, 결국 바깥의 기압을 견디지 못해 우유갑이 찌그러지는 것이다.

물이 누르는 힘, 수압

공기가 누르는 기압처럼, 물도 누르는 힘이 있어. 얕은 물에서는 잘 느끼지 못하지만, 물속 깊은 곳으로 들어갈수록 압력을 느낄 수 있지. 이렇게 물이 누르는 힘을 '수압'이라고 해.

속이 빈 깡통을 하나 떠올려 볼래? 물 위에서 멀쩡하던 이 깡통을 수심 10미터로 가지고 가면 깡통의 부피가 절반으로 찌그러진단다. 물 위에서는 깡통 안과 밖의 기압이 똑같아서 깡통이 멀쩡하지만, 물속으로 들어갈수록 깡통 바깥의 수압이 점점 커져서 깡통이 그 힘을 못 견뎌 찌그러지고 마는 거야.

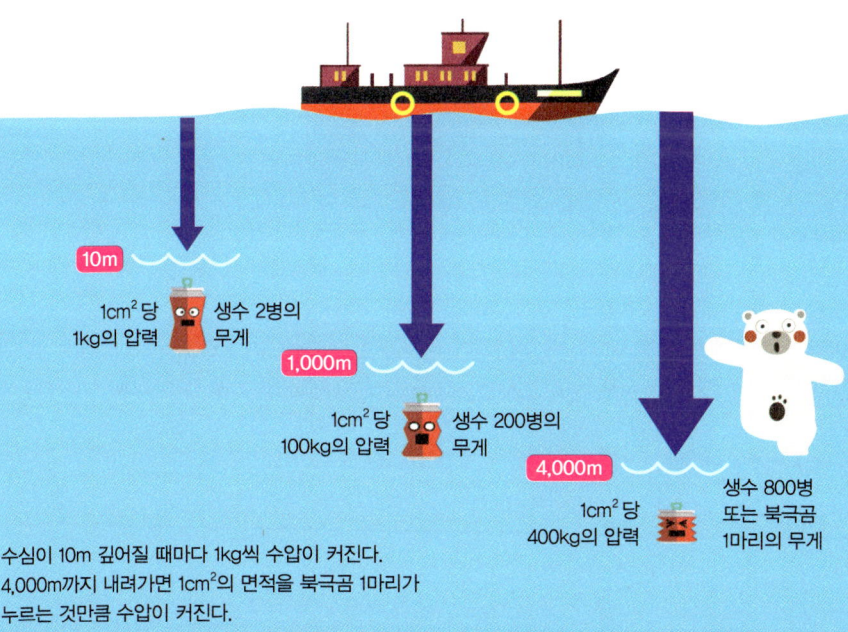

수심이 10m 깊어질 때마다 1kg씩 수압이 커진다.
4,000m까지 내려가면 1cm²의 면적을 북극곰 1마리가 누르는 것만큼 수압이 커진다.

수압을 막아 주는 특수 잠수복

수압을 못 견디기는 사람 몸도 마찬가지다. 사람의 몸은 지상에서의 기압에 적응해 있기 때문에 수압이 너무 높은 곳까지 들어가면 몸에 탈이 난다. 그래서 깊은 바닷속에 들어가야 하는 잠수부들은 높은 수압을 견딜 수 있게 만든 특수한 잠수복을 입어야 한다. 보통 잠수부들이 입는 잠수복은 몸을 움직이기 쉽게 고무로 만들지만, 왼쪽 사진 속 잠수복은 깊은 물속에서 높은 수압을 견딜 수 있도록 단단한 재료로 만들어졌다.

와, 저 정도면 깊은 바닷속에서도 끄떡없겠는걸.

물이 물체를 떠받치는 힘, 부력

부력은 물이 물체를 떠받치는 힘을 말해. 사람이 물에 들어가면 어느 정도는 가라앉지만 곧 물에 둥둥 뜨게 돼. 물이 사람 몸을 떠받쳐 주기 때문이야. 왜 이런 일이 일어날까?

물체가 물에 잠기면, 잠긴 부분의 부피만큼 물을 밀어내. 그리고 밀어낸 물의 무게만큼 부력이 생겨. 즉, 물체가 밀어낸 물의 무게가 바로 부력의 크기라는 뜻이야. 그런데 모든 물체가 물 위에 뜨는 건 아니야. 부력에 다음과 같은 성질이 있거든.

물체가 물 위에 뜨려면 물체의 무게가 부력보다 가벼워야 한다.

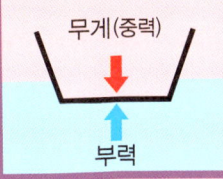 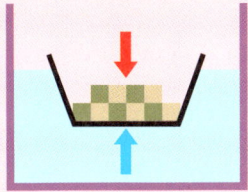 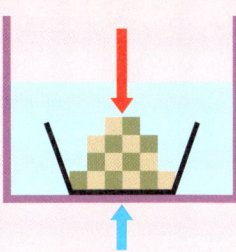

❶ 양동이에 그릇을 띄우면 그릇은 물 위에 둥둥 뜬다.

❷ 그릇 안에 돌멩이를 하나둘 넣기 시작하면 조금씩 가라앉는다.

❸ 돌멩이를 너무 많이 실으면 그릇이 가라앉고 만다.

그릇은 물이 받치는 부력보다 가벼워서 떠 있을 수 있었지만, 점차 돌멩이 무게가 늘어나면서 부력보다 무거워지면 그 순간 가라앉고 만다.

물에 잠기는 부분의 부피가 크면 부력도 크게 작용하고, 물에 잠기는 부분의 부피가 작으면 부력도 작게 작용한다.

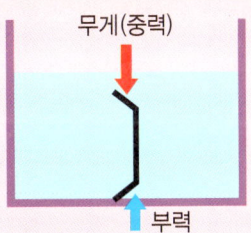 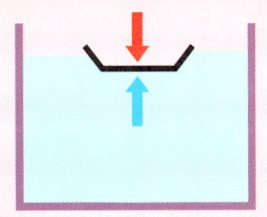

❶ 접시를 수직으로 넣으면 접시가 가라앉는다.

❷ 접시를 수평으로 넣으면 접시가 물 위에 뜬다.

접시를 수직으로 세워 넣을 때보다 수평으로 놓았을 때, 물에 잠기는 부분의 부피가 더 크다. 따라서 수평으로 놓은 접시가 물 위에 뜬다.

아르키메데스가
부력을 이용해 사기꾼을 잡다!

고대 그리스에서 있었던 일이다. 당시 왕이었던 히에론 2세가 대장장이에게 순금 한 덩이를 주면서 왕관을 만들어 오라고 했다. 대장장이는 곧 왕관을 만들어 왕에게 바쳤다. 그런데 얼마 뒤에 대장장이가 금을 조금 빼돌렸다는 소문이 돌기 시작했다. 왕은 아르키메데스를 불러 왕관을 부수지 말고 온전한 채로 왕관이 순금인지 아닌지 알아보라고 했다.

아르키메데스는 어떤 방법을 써야 할지 한참 고민했다. 심지어 목욕하면서도 방법을 고민했다. 그러다 자신이 욕조에 들어갈 때 물이 넘쳐흐르는 것을 보고 좋은 방법을 생각해 냈다. 그는 얼마나 기뻤는지, 벌거벗은 채로 "유레카!(알겠다! 바로 이거야!)"를 외치며 욕실을 뛰쳐나왔다고 한다.

목욕을 하다가 부력을 발견한 아르키메데스

아르키메데스는 왕관과 무게가 똑같은 순금을 가지고 실험을 했다. 먼저 물이 가득 담긴 그릇에 왕관을 넣고, 흘러넘친 물의 양을 쟀다. 같은 방법으로 순금을 넣었을 때 흘러넘친 물의 양도 쟀다. 만약 왕관이 순금으로 만들어졌다면 두 경우에 흘러넘친 물의 양이 똑같아야 한다. 그런데 실험 결과, 흘러넘친 물의 양이 달랐다!

순금과 은이 섞인 왕관의 질량은 같아도 순금과 은이 섞인 왕관의 부피는 달랐기 때문에 물이 넘치는 양이 각기 달랐던 것이다. 이렇게 해서 아르키메데스는 왕관이 순금이 아님을 밝혀냈다. 또한 이로써 '어떤 물체든 물에 잠기면 그 물체의 잠긴 부피에 해당하는 물의 무게만큼 부력을 받는다'는 사실을 밝혀냈다. 이를 '아르키메데스의 원리'라고 한다.

힘의 종류와 성질

세상에는 여러 가지 힘이 있다. 이런 힘의 종류와 성질을 알면 세상의 물건이나 기계가 움직이는 이치를 알 수 있다.

1. 마찰력
- 마찰력은 물체의 움직임을 방해하는 힘이다.
- 마찰력은 물체가 움직이는 방향과 반대 방향으로 작용한다.
- 마찰력은 물체가 맞닿은 표면이 거칠수록, 물체의 무게가 무거울수록 커진다.

2. 탄성력
- 탄성력은 힘을 받아 모양이 변한 물체가 원래의 모양으로 돌아오는 힘이다.
- 탄성력은 물체에 힘을 준 방향과 반대 방향으로 작용한다.
- 물체에 큰 힘을 줄수록 탄성력도 커진다.
- 탄성력에는 한계가 있어서 탄성 한계보다 큰 힘을 주면 물체가 탄성을 잃어버린다. 즉, 원래의 모양으로 돌아오지 않는다.

3. 압력
- 압력은 물체를 누르는 힘이다.
- 물체의 무게가 무거울수록 압력이 커진다.
- 같은 힘으로 누를 경우, 힘을 받는 면적이 좁을수록 압력이 크게 작용한다.

4. 부력
- 부력은 물이 물체를 떠받치는 힘이다.
- 물체의 무게(중력)가 부력보다 크면 가라앉는다.
- 부력의 크기는 물체가 물에 잠기면서 밀어낸 물의 무게와 같다. 따라서 물에 잠기는 부분의 부피가 클수록 물을 많이 밀어내서 부력도 커진다.

> **생각이 크는 숲**

털 있는 곳에 힘이 있다!

가느다란 털에 무슨 힘이 있느냐고 생각할지도 모른다. 하지만 이 털이 모이고 모이면 엄청난 힘을 발휘한다. 과연 어떤 힘일까?

도마뱀붙이와 반데르발스 힘

도마뱀의 한 종류로, '게코' 또는 '도마뱀붙이'라고 부르는 동물이 있다. 도마뱀붙이의 발바닥에는 눈에 보이지 않을 만큼 가느다란 털 수십억 개가 촘촘히 나 있다. 이렇게 작은 털들이 아주 가까이 있으면, 물질을 이루고 있는 알갱이들 사이에 서로 잡아당기는 힘이 생긴다. 이 힘을 '반데르발스 힘'이라고 한다. 도마뱀붙이가 벽에 붙으면 발바닥 털과 벽면 사이에 반데르발스 힘이 생겨서 벽에 착 달라붙는다.

과학자들은 도마뱀붙이의 발바닥처럼 가느나란 털이 촘촘히 박힌 접착판을 개발했다. 그리고 이 접착판을 이용해 유리벽 3.6미터를 기어오르는 데 성공했다. 과학자들은 반데르발스 힘을 잘 이용하면 도마뱀붙이처럼 어디에나 잘 달라붙는 로봇을 개발할 수 있다고 생각한다. 그리고 이 로봇을 우주에서 고장 난 위성을 붙잡아 수리하는 데 활용할 계획이라고 한다.

도마뱀붙이의 발바닥

연잎 효과와 표면 장력

물을 이루고 있는 알갱이들은 자기들끼리 서로 끌어당겨 표면의 넓이를 작게 만들려는 성질이 있다. 이렇게 액체 표면의 알갱이들이 서로 끌어당기는 힘을 '표면 장력'이라고 한다. 그런데 연잎 위에서는 물의 표면 장력이 더 커진다.

연잎 위에는 아주 가느다란 털이 촘촘히 나 있는데, 물이 떨어지면 수많은 털이 물방울을 떠받쳐 밀어낸다. 그러면 물은 평소

연잎에 난 털 때문에 밀려난 물방울 모습

보다 더 큰 표면 장력으로 똘똘 뭉쳐 동그란 구슬 모양을 유지한다. 이런 까닭에 물방울이 연잎에 스며들거나 표면에 달라붙지 않고, 또르르 굴러 떨어진다. 이때, 연잎에 내려앉은 먼지도 물방울에 붙어 함께 떨어져 연잎은 언제나 깨끗한 상태를 유지한다. 연잎처럼 표면에 물이 스며들지 않고 저절로 깨끗해지는 특징을 '연잎 효과'라고 부른다.

과학자들은 연잎 효과에서 아이디어를 얻어, 옷감에 일부러 작은 돌기를 만들어 붙였다. 이 옷감으로 옷을 만들어 입으면 실수로 물을 엎질러도 젖지 않고, 주스나 우유를 흘려도 손으로 털어 내면 그만이다.

그뿐 아니다. 연잎 효과를 적용한 페인트를 건물 벽에 칠하면 청소를 하지 않아도 된다. 벽에 물이 스며들지 않고, 비가 오면 물과 함께 먼지가 쓸려나가 저절로 깨끗해진다. 연잎 효과를 응용할 곳은 무궁무진하게 많다.

 4 힘과 운동의 법칙

팔을 코끼리 코처럼 만들어서 제자리에서
빙빙 도는 코끼리 코 돌기 알지?
그렇게 몇 바퀴 돌고 나면 아무리 애를 써도
똑바로 서거나 걷기가 어려워.
마음은 제자리에 딱 멈추고 싶은데
몸은 계속 돌려고 하기 때문이야.
코끼리 코 돌기를 하는 동안 우리 몸에 무슨 일이 생긴 걸까?
우리가 몸에 힘을 줘서 빙글빙글 돌았듯이
물체가 힘을 받으면 저마다 일정한 법칙에 따라 움직인단다.
힘을 받은 물체가 어떻게 운동하는지 그 법칙을 알고 나면
우리 주변에서 일어나는 수많은 현상에서
힘의 원리를 발견할 수 있어.

힘과 운동 사이에는 법칙이 있어

야구공을 던지면 가만히 있던 공이 슝 날아가고, 날아오는 공을 야구 방망이로 치면 공이 다른 방향으로 날아가. 또 공을 잡으면 날아가던 공이 정지해.

이렇게 가만히 있던 물체가 움직이거나, 움직이던 물체의 속도나 방향이 바뀌는 것을 '운동 상태'가 변한다고 해. 물체의 운동 상태가 바뀌는 것 역시 '힘'이 작용했기 때문이지.

이처럼 물체가 힘을 받아서 운동하는 모습을 잘 살펴보면 몇 가지 법칙이 있음을 알 수 있어. 이 법칙들을 알아낸 사람은 너희도 잘 아는 사람이야. 바로 중력의 법칙을 알아낸 뉴턴이 '힘과 운동의 법칙'도 알아냈단다. 그러고 보면 뉴턴은 정말 많은 일을 해냈지?

자, 그럼 지금부터 자전거를 타고 달리면서 뉴턴의 운동 법칙을 알아볼까? 이러니저러니 설명하는 것보다, 너희가 자전거를 탔던 경험을 되살려 보는 것이 이해하기 훨씬 빠를 테니까, 자전거 탔던 기억을 잘 떠올려 보렴. 우리가 일상생활에서 여러 가지 물건에 힘을 줘서 운동할 때 몇 가지 공통된 법칙이 있음을 알게 될 거야.

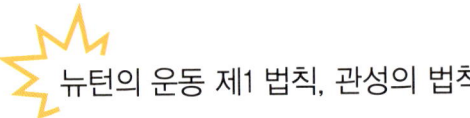
뉴턴의 운동 제1 법칙, 관성의 법칙

어때? 신나게 달렸니? 하하, 방금 우리는 뉴턴의 운동 법칙을 온몸으로 느꼈어. 먼저, 우리가 힘을 주기 전에는 자전거가 멈춰 있다가 힘을 주니까 비로소 움직였지? 이게 바로 '관성의 법칙'이라는 것으로, 뉴턴의 운동 제1 법칙이야.

관성이란, '물체에 힘을 주지 않으면 멈춰 있는 물체는 계속 멈춰 있으려 하고, 움직이는 물체는 계속 움직이려고 하는 성질'을 말해. 그래서 멈춰 있는 자전거에 힘을 줘야 움직이고, 평지에서 한참 페달을 밟아서 어느 정도 속력이 나면 페달을 밟지 않아도 자전거 바퀴가 계속 굴러가지.

 달리는 자전거를 멈출 때는 천천히 속도를 줄여야 한다. 그러지 않고 갑자기 자전거를 세우면 자전거만 멈추고 우리 몸은 앞으로 고꾸라질지도 모른다. 자전거가 멈췄어도 몸은 '움직이는 물체는 계속 움직이려는' 관성의 법칙 때문에 계속해서 앞으로 나가려고 하기 때문이다.

여기에도 관성의 법칙이 있네!

개가 몸을 오른쪽으로 돌리면 몸에 묻은 물도 오른쪽으로 운동한다. 그러다가 개가 몸을 갑자기 왼쪽으로 세차게 돌리면 물은 관성 때문에 계속 오른쪽으로 운동하려고 해서 개의 몸에서 떨어져 나간다. 그러니까 개가 몸을 털 때는 주의해야 한다. 방심하다가는 순식간에 개가 목욕한 물을 뒤집어쓸지도 모른다!

두루마리 휴지를 순간적으로 세게 잡아당기면 휴지가 줄줄 풀려 나오지 않고 절취선에서 끊어진다. 원래 멈춰 있던 휴지가 관성 때문에 계속 멈춰 있으려고 하기 때문이다.

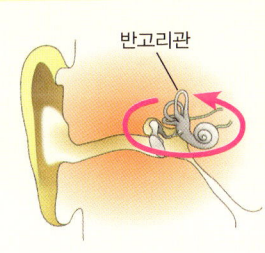

귓속에 있는 '반고리관'은 몸이 회전하는 것을 감지하는 기관이다. 반고리관 속에 림프액이라는 액체가 들어 있는데, 몸이 회전하면 이 림프액도 같이 돈다. 그런데 몸이 회전을 멈추어도 림프액은 관성 때문에 바로 멈추지 못하고 계속 돈다. 그래서 우리 뇌는 몸이 계속 돈다고 느끼고 어지러움을 느낀다.

코끼리 코 놀이를 하면 어지러운 이유가 바로 관성의 법칙 때문이구나!

롤러코스터를 탈 때 가슴이 철렁하거나 몸이 붕 떠오르는 듯한 느낌이 드는 것도 관성 때문이다. 롤러코스터가 위로 올라가다가 갑자기 아래로 내달리면 몸속 장기들은 위로 올라가던 관성 때문에 위로 쏠린다. 반대로 롤러코스터가 갑자기 위로 올라가면 몸속 장기들은 관성에 의해 아래로 툭 떨어진다.

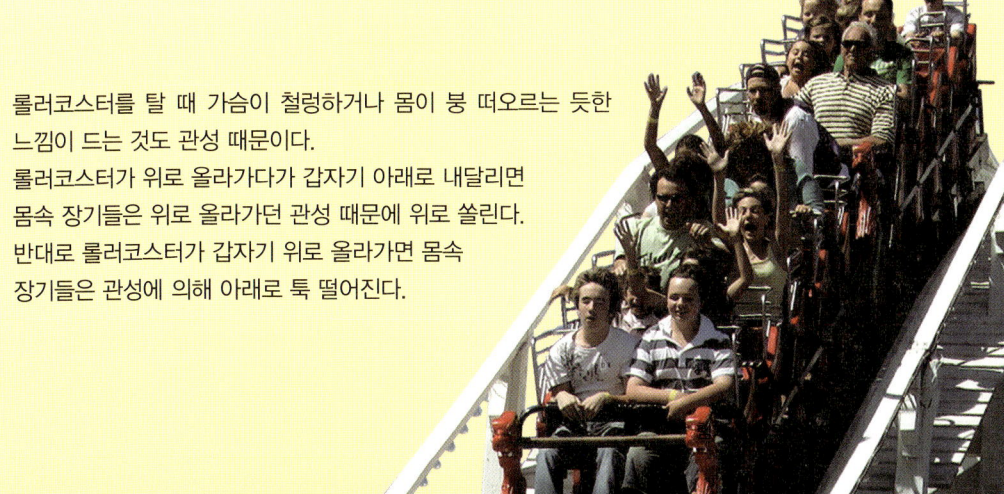

뉴턴의 운동 제2 법칙, 가속도의 법칙

뉴턴의 운동 제2 법칙은 '가속도의 법칙'이야. 가속도란 '속도가 점점 빨라지거나 느려지는 것'을 가리키는 말이야. 속도가 점점 빨라지는 것은 양(+)의 방향 가속도, 점점 느려지는 것은 음(−)의 방향 가속도라고 생각하면 돼.

멈춰 있던 자전거에 힘을 줘서 페달을 밟으면 속도가 조금씩 빨라지지? 그게 바로 양의 방향 가속도야. 반대로 브레이크를 쥐면 속도가 점점 느려져. 이건 음의 방향 가속도란다.

이렇듯, 물체에 힘을 가하면 가속도가 생겨. 그리고 물체에 큰 힘을 줄수록 가속도가 커지고, 물체의 질량이 클수록 가속도가 작아진단다.

자전거 페달을 계속 힘껏 밟으면 속도가 더 빨라진다.
자전거가 무거울수록 가속도가 작아진다.

짐을 잔뜩 실으니까 페달을 밟아도 속도가 나질 않아.

여기에도 가속도의 법칙이 있네!

볼링공의 질량이 같다면 살짝 굴릴 때보다
힘껏 굴릴 때 더 빨리 굴러간다.
큰 힘을 줄수록 가속도가 크기 때문이다.
같은 힘으로 볼링공을 굴린다면,
무거운 공이 가벼운 공보다 천천히 굴러간다.
질량이 클수록 가속도가 작기 때문이다.

떨어지는 물체는 속도가 점점 빨라진다.
힘을 주지 않았는데 어떻게 가속도가 붙었을까?
지구가 물체를 아래로 잡아당기는 힘,
바로 중력 때문이다.
중력이 작용해 생기는 가속도를
'중력 가속도'라고 한다.

중력 가속도는 물체의 종류와 질량에 상관없이 모두 똑같이 작용해.

스카이다이빙을 하는 사람이 비행기에서
뛰어내리면 중력 가속도 때문에 땅에 가까워질수록
속도가 점점 빨라진다.
그러다가 낙하산을 펼치면 속도가 줄어든다.
공기의 힘이 낙하산을 위로 밀어 올리기 때문이다.
이 힘 때문에 사람은 안전하게 땅에 내려앉을 수 있다.

뉴턴의 운동 제3 법칙, 작용·반작용의 법칙

뉴턴의 운동 제3 법칙은 '작용·반작용의 법칙'이야. '한 물체가 다른 물체에 힘을 줄 때, 두 물체 사이에는 크기가 똑같고, 방향이 서로 반대인 힘이 동시에 작용한다'는 법칙이지.

예를 들어, 우리가 물체를 밀면 물체도 똑같은 힘으로 우리를 밀어. 이때, 우리가 물체에 주는 힘이 '작용'이고, 물체가 우리에게 똑같이 되돌려 주는 힘이 '반작용'이야.

그럼 자전거 운동에서 작용·반작용의 법칙이 어떻게 나타나나 살펴볼까?

자전거를 탈 때, 페달을 밟으면 자전거의 뒷바퀴가 돌면서 땅을 민다(작용). 그러면 땅도 똑같은 힘으로 뒷바퀴를 민다(반작용). 바로 그 힘을 받아서 자전거가 앞으로 나간다. 이때, 자전거 바퀴와 땅이 서로 똑같은 힘으로 미는데, 왜 자전거만 움직일까? 땅이 훨씬 덩치가 크고 무겁기 때문에 자전거만 밀리는 것이다.

페달을 밟는 힘이 바퀴를 통해 작용하고, 땅이 반작용을 하는구나.

여기에도 작용과 반작용 법칙이 있네!

책상을 세게 내리치면 손바닥이 아프다.
책상을 때릴 때 손바닥으로 책상에 힘을 준(작용) 만큼,
책상도 손바닥에 똑같이 힘을 줬기(반작용) 때문이다.
똑같이 힘을 준다면, 내가 책상을 치는 것이나
책상이 날 때리는 것이나 아픈 강도는 같다.

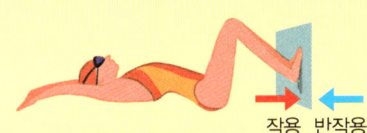

수영 선수가 한 방향으로 다 헤엄쳐서 반대 방향으로
돌아갈 때, 수영장 벽을 발로 차면서 방향을 바꾼다.
선수가 발로 벽에 힘을 주면(작용), 벽이 똑같은 힘으로
선수를 밀어 주기(반작용) 때문에 반대 방향으로 나갈 수 있다.

헬리콥터는 '로터'라고 부르는 회전 날개가 돌면서
만들어 내는 힘을 이용해 수직으로 날아오른다.
이때, 로터가 한쪽 방향으로 돌면(작용) 헬리콥터 몸체는
그 반대 방향으로 돌게 된다(반작용). 이것을 막기 위해
헬리콥터 꼬리에 또 다른 로터가 달려 있다.
꼬리의 로터는 헬리콥터 몸체가 돌려고 하는 방향과
반대 방향으로 도는 힘을 만들어, 헬리콥터가 공중에서
빙빙 도는 것을 막아 준다.

투수가 야구공을 던지면(작용) 야구공도 투수에게
똑같은 힘을 준다(반작용). 그런데 야구공만 앞으로
날아가고 투수는 뒤로 밀리지 않는다.
이는 투수의 발과 땅 사이에 작용하는 마찰력 덕분이다.
이렇듯 작용과 반작용은 언제나 동시에 일어난다.

자전거에 작용한 다양한 힘과 운동 법칙

자전거를 타는 동안 힘과 운동의 법칙이 다양하게 작용한다는 것을 알겠지? 이제 우리 주변의 물체가 움직일 때마다 이런 법칙들이 작용하고 있었다는 걸 꿰뚫어볼 수 있을 거야.

그럼 이번에는 힘과 운동의 법칙만 아니라, 어떤 힘이 작용했는지도 살펴볼까?

탄성력은 자전거 안장에서 작용한다. 안장의 용수철이 탄성력을 발휘해 줄어들었다가 늘어나기를 반복하면서 울퉁불퉁한 길을 달릴 때 생기는 충격을 흡수해 준다. 덕분에 궁둥이가 덜 아프다.

내리막길을 달릴 때 페달을 밟지 않아도 속도가 점점 빨라지는 것은 중력이 우리를 아래쪽으로 잡아당기기 때문이다. 반대로 오르막길을 오르기가 힘든 것도 중력이 아래로 잡아당기는 탓이다.

브레이크를 쥐면 속도가 느려지는 것은 마찰력 때문이다. 손으로 브레이크를 쥐면 그 힘이 바퀴에 있는 브레이크로 전달되고, 바퀴에 있는 브레이크가 바퀴를 꽉 잡으면서 땅과 바퀴 사이에 마찰력을 일으켜 바퀴가 굴러가는 것을 방해한다.

평지에서는 관성 때문에 페달을 밟지 않고도 어느 정도 달릴 수 있다. 일단 달리기 시작한 자전거는 계속 달리려고 하는 성질이 있기 때문이다.

하지만 그 상태로 영원히 달릴 수는 없다. 바퀴와 땅 사이에 작용하는 마찰력이 자전거가 앞으로 나가는 것을 자꾸 방해하기 때문이다. 또, 우리 몸도 공기와 부딪히면서 마찰력이 작용한다. 그래서 페달을 계속 밟지 않으면 얼마 뒤에 자전거가 멈추고 만다.

힘과 운동의 법칙 77

힘과 운동의 법칙

1. 힘을 가하면 무슨 일이 일어날까?

1) 모양이 변한다.
   고무줄을 당기면 늘어나고 깡통을 누르면 찌그러진다.
2) 속도나 방향, 즉 운동 상태가 변한다.
   자전거의 페달을 밟으면 바퀴가 움직이고, 자전거를 타고 가다가 브레이크를 쥐면 속도가 느려지며, 핸들을 돌리면 방향이 바뀐다.

2. 뉴턴의 운동 법칙

1) 관성의 법칙 : 물체에 힘을 주지 않으면 운동 상태가 변하지 않는다.
   즉, 멈춰 있는 물체는 계속 멈춰 있고, 움직이는 물체는 계속 움직인다.

공이 움직이지 않는 건 아무도 힘을 주지 않았기 때문이야.

마찰력

물체에 힘을 주지 않으면 움직이지 않는다.

굴러 가는 공에 힘을 주지 않으면 공은 영원히 굴러갈 것이다. 하지만 땅과 닿아 생긴 마찰력이 굴러가는 공을 멈추게 한다.

2) **가속도의 법칙** : 물체에 힘을 주면 운동 속도가 점점 빨라지거나 점점 느려진다. 이렇게 속도가 변하는 운동을 '가속도 운동'이라고 한다.
가속도는 큰 힘을 줄수록 커지고, 물체의 질량이 클수록 작아진다.

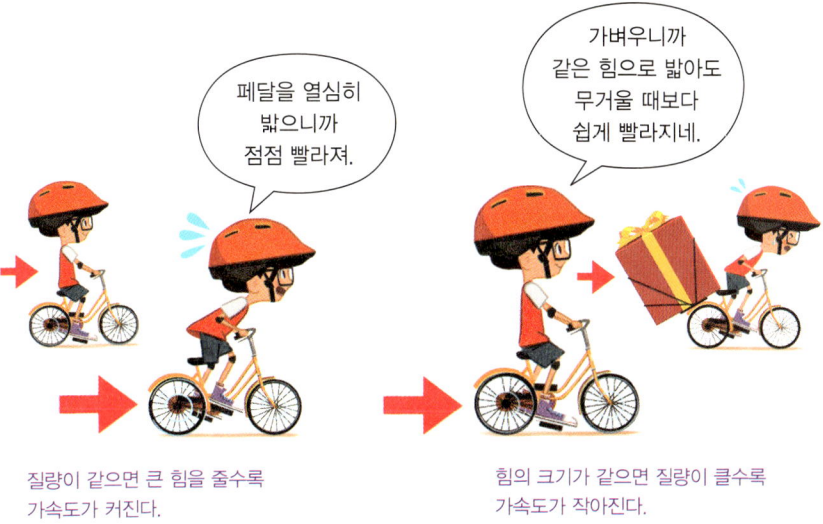

질량이 같으면 큰 힘을 줄수록 가속도가 커진다.

힘의 크기가 같으면 질량이 클수록 가속도가 작아진다.

3) **작용·반작용의 법칙** : 한 물체가 다른 물체에 힘을 주면, 두 물체 사이에는 크기가 똑같고, 방향이 서로 반대인 힘이 동시에 작용한다.

우리가 벽을 밀면 벽도 똑같은 힘으로 우리를 민다.

생각이 크는 숲

자기 몸무게의 10배의 힘을 견디는 우주 비행사

우주 비행사가 나오는 영화를 보면, 가끔 이해할 수 없는 장면이 나온다. 지구에서 우주로 우주선을 쏘아 올리거나 지구에 착륙할 때, 우주 비행사는 굉장히 고통스러운 표정을 짓는다. 주변에 아무런 위험도 없어 보이는데 말이다. 그러다 일단 우주 공간에 머물거나 지구에 내려앉으면 우주 비행사는 편안한 표정을 짓는다. 그 이유가 뭘까?

바로 관성 때문이다. 우리가 자동차를 타고 달리다가 차가 갑자기 멈추면 우리 몸은 앞쪽으로 쏠린다. 반대로 차가 갑자기 출발할 때면 우리 몸은 뒤로 쏠린다. 이처럼 우리 몸은 관성에 따라 약간의 충격을 느끼게 된다. 관성은 실제 존재하는 힘은 아니지만, 물리에서는 이 가상의 힘을 '관성력'이라고 부른다. 그런데 만약 자동차보다 더 빠른, 그것도 몸이 적응할 틈도 없이 갑자기 어마어마하게 빨라지는 물체를 탄다면 어떻게 될까?

우주선이 지구의 중력에서 벗어나 우주로 나아가려면 엄청난 속도로 우주를 향해 올라가야 한다. 그 속도는 무려 초당 11킬로미터! 1분이면 서울에서 일본까지 갈 수 있는 어마어마한 속도이다. 따라서 우주선 안에 탄 우주 비행사도 엄청난 관성력을 받게 된다. 평상시 중력을 1G라고 하는데, 우주선이 발사될 때 받는 관성력은 최대 무려 10G에 이른다고 한다. 즉, 자기 몸무게의 10배에 해당하는 힘을 온몸으로 받게 되는 것이다.

　우주선이 출발할 때 우주 비행사가 고통스러운 표정을 짓는 것은 바로 이 관성력 때문이다. 온몸의 혈액이 속도에 미처 적응하지 못해 발로 몰리면 뇌에 혈액이 공급되지 못해 사람이 경련을 일으키며 기절하기도 한다. 따라서 우주 비행사는 관성력을 견딜 수 있을 만큼 튼튼한 체력을 가진 사람이 주로 선발되었다. 하지만 요즘에는 기술 발달로 관성력이 3~6G 정도로 낮아져서, 보통 체력을 지닌 연구자들도 우주인이 될 수 있다. 그래도 거대한 속도가 주는 관성력을 견디기 위해서는 따로 훈련을 받아야 한다.

관성력 퀴즈!

다음 관성력은 어느 경우에 해당할까?
관성력이 중력과 속도에 따라 달라진다는 것을 염두에 두고 이어 보자!

1. 0G　　　　● ① 평상시 지구의 중력

2. 1G　　　　● ② 중력이 없는 우주 공간에서의 관성력

3. 3G　　　　● ③ 경주용 자동차가 0.5초 만에 시속 100킬로미터에 이를 때 받는 관성력

4. 5G　　　　● ④ 롤러코스터에서 순간적으로 경험할 수 있는 최대 관성력

5. 9G　　　　● ⑤ 미국의 과학자가 실험해서 알아낸 관성력으로, 사람이 실험을 통해 알아낸 관성력 중 가장 크다.

6. 46G　　　● ⑥ 전투기 조종사가 전투기의 방향을 급격히 바꿀 때 받는 관성력

답 : 1-②, 2-①, 3-④, 4-③, 5-⑥, 6-⑤

힘과 운동의 법칙

5 생활 속 도구와 힘

지구 위의 모든 것은 갖가지 힘의 영향을 주고받아.
단순히 공이 하나 굴러가는 데도 여러 가지
힘과 운동의 법칙이 적용되고 있지.
사람들은 이런 힘을 이용해서 생활을
편리하게 만들어 왔어.
작은 힘으로 큰 힘을 내거나, 무거운 물건을
가볍게 들어 올리는 등 다양한 도구를 만들어 냈고,
힘을 조화롭게 사용해서 우리 생활을
더욱 편리하고 풍요롭게 하고 있지.
그럼 우리 주변에 힘이 어떻게 사용되고 있는지
한번 살펴볼까?

작은 힘으로 큰 힘을 만드는 지레

 자, 여기 차가운 음료수 한 병이 있어. 얼른 마시고 싶다고? 그러려면 마개부터 따야 해. 그런데 병따개가 없네? 손으로 붙잡고 돌리면 꿈쩍도 하지 않아. 오히려 손에 상처가 날 것 같아. 하지만 병따개를 쓰면 조금만 힘을 줘도 퐁 하고 마개를 딸 수 있지. 대체 병따개가 무슨 조화를 부린 걸까? 바로 병따개에 지레의 원리가 담겨 있기 때문이란다.

지레는 긴 막대기를 받침점 위에 놓고 힘을 주어서 물건을 움직이는 도구야.

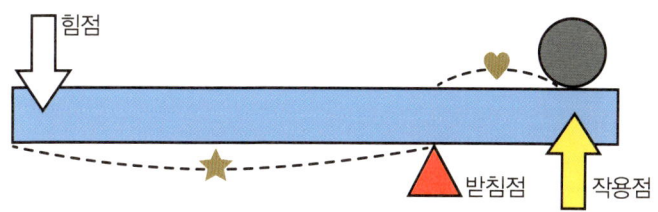

지레에서 힘을 주는 지점을 '힘점(⇧)', 받침대의 위치를 '받침점(▲)', 물체에 힘이 작용하는 지점을 '작용점(⇧)'이라고 해. 지레는 받침점과 힘점 사이의 거리(★)가 받침점과 작용점 사이의 거리(♥)보다 멀수록 작은 힘으로 큰 힘을 낼 수 있단다. 이게 바로 지레의 원리이지.

지레의 원리를 이용한 도구들이 있다!

우리 주변에는 지레의 원리를 이용한 도구들이 정말 많다. 지레의 원리를 이용하면 작은 힘으로 큰 힘을 낼 수 있기 때문이다.

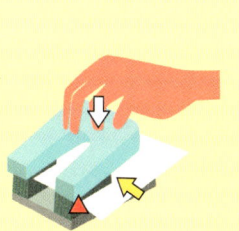

펀칭 기계
손잡이에 힘을 주면 받침점을 통해 종이를 뚫는 송곳에 힘이 전달된다.

망치
망치 손잡이에 힘을 주면 망치 머리 쪽이 받침점이 되어 못 뽑기에 힘이 전달된다.

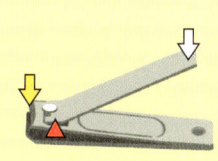

손톱깎이
손잡이를 누르면 받침점을 통해 손톱 깎는 날에 힘이 전달된다.

생활 속 도구와 힘　85

정교한 지레 도구

받침점과 힘점 사이의 거리(★)가 받침점과 작용점 사이의 거리(♥)보다 멀면 작은 힘으로 큰 힘을 낼 수 있다. 반대로 받침점과 힘점 사이의 거리(★)가 받침점과 작용점 사이의 거리(♥)보다 가까우면 물체를 움직이는 데 힘이 더 드는 대신 손으로 잡기 어려운 작은 물체를 집는 정교한 일을 할 수 있다.
바로 핀셋이 그런 도구이다.

무게를 덜어 주는 도르래

줄을 당겨 블라인드를 올려 본 적 있니? 줄을 아래로 잡아당기면 블라인드가 스르륵 올라가지. 이건 어떤 원리일까?

바로 '도르래'라는 도구가 도와주는 거야. 도르래는 홈이 파인 바퀴에 줄을 걸어서 물체를 매달아 옮기는 도구야. 도르래에는 고정도르래와 움직도르래가 있는데, 블라인드에 달려 있는 건 고정도르래야.

고정도르래는 도르래의 축이 한곳에 고정되어 있어. 고정도르래에 걸린 줄을 당기면 힘이 작용하는 방향이 바뀐단다. 블라인드를 '위'로 올리려고 할 때 줄을 '아래'로 당기는 게 바로 고정도르래가 힘의 방향을 바꿔 주기 때문이야.

반면 움직도르래는 줄에 매달려서 물체와 함께 움직이는데, 작은 힘으로 물체를 들어 올릴 수 있게 해 주지. 움직도르래가 매달린 줄은 한쪽이 고정되어 있어. 이런 상태로 움직도르래에 물체를 매달면 고정된 줄 쪽으로 물체 무게의 절반이 전달된단다. 따라서 나머지 절반에 해당하는 힘만으로 줄을 당겨 물체를 들어 올릴 수 있어.

즉, 4킬로그램짜리 물체를 들어 올리는 데 필요한 힘은 2킬로그램만 있으면 돼. 여기서 한 발 더 나아가 움직도르래를 여러 개 연결해서 쓰면 필요한 힘을 더 줄일 수 있어.

움직도르래 한 개를 달면 필요한 힘이 반으로 줄고, 두 개를 달면 반의 반, 그러니까

고정도르래가 힘이 작용하는 방향을 바꿔 줘서 편리해.

생활 속 도구와 힘 87

고정도르래
힘의 방향을 바꿔 준다.

움직도르래
물체의 무게를 분산시켜 준다.
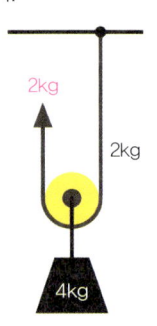

복합도르래
고정도르래와 움직도르래를 동시에 사용하여 힘의 방향과 힘의 크기를 조절할 수 있다.
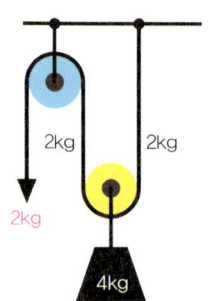

4분의 1로 줄어들거든.

힘이 작용하는 방향을 바꾸어 주는 고정도르래와 필요한 힘을 반으로 줄여 주는 움직도르래를 여러 개 섞어서 쓰면 힘의 방향과 크기를 조절할 수 있어서 아주 편리해.

그럼 우리 주변에 도르래를 활용한 도구나 기계에는 무엇이 있을까? 맞아, 주로 무거운 물체를 들어 올릴 때 쓰이는 것들이지. 공사 현장에 우뚝 서서 무거운 짐을 들어 올리는 기중기, 손쉽게 올렸다 내릴 수 있는 블라인드, 천장에 설치된 빨래 건조대 등에 도르래가 쓰인단다.

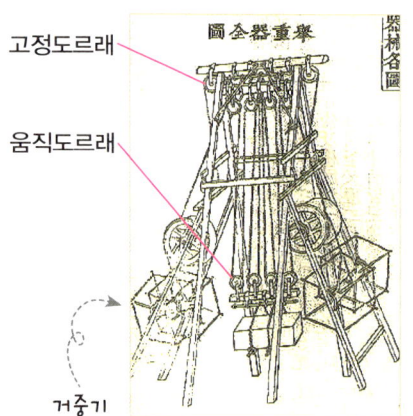

조선 시대에 수원 화성을 쌓을 때, 무거운 돌을 손쉽게 들어 올릴 수 있도록 정약용이 고안해 낸 거중기에도 도르래가 쓰였어.

도르래 속에 지레의 원리가 있다!

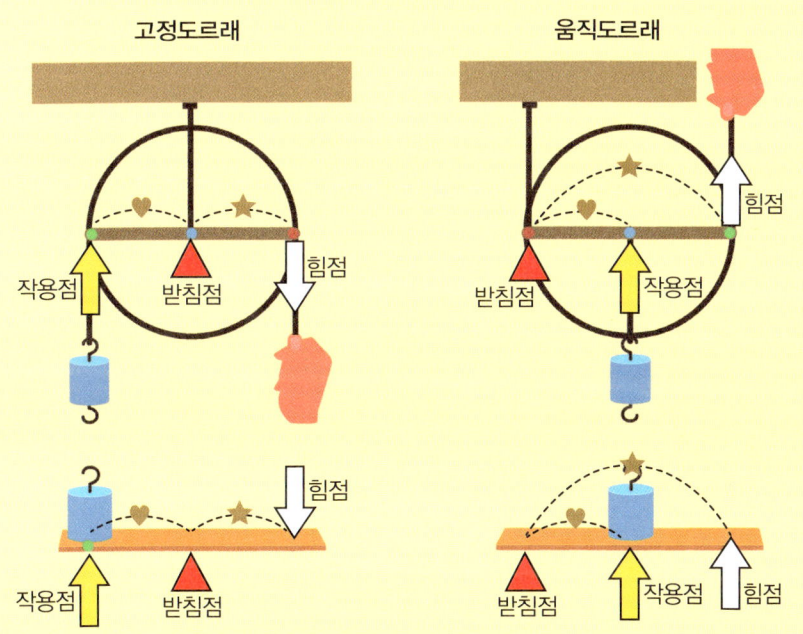

고정도르래와 움직도르래에 지레의 원리가 숨어 있다. 고정도르래에서 지레의 힘점, 받침점, 작용점을 찾아보면, 받침점에서 힘점까지의 거리(★)와 받침점에서 작용점까지의 거리(♥)가 똑같다. 그래서 힘을 아끼는 데는 도움이 안 된다. 이와 달리 움직도르래는 받침점에서 힘점까지의 거리(★)가 받침점에서 작용점까지 거리(♥)의 두 배나 된다. 그래서 필요한 힘이 반으로 줄어든다.

89

힘을 전달하는 축바퀴

드라이버로 나사를 조여 본 적 있니? 맨손으로는 나사를 조이려고 해도 힘만 들고 나사가 잘 안 돌아가. 그런데 드라이버를 사용하면 쉽게 나사를 조일 수 있어.

축바퀴란 큰 바퀴의 힘이 작은 바퀴에 전달되어 같이 움직이는 도구야.

드라이버는 '축바퀴'의 원리를 이용한 도구야. 축바퀴란 축 하나에 큰 바퀴와 작은 바퀴를 함께 연결해 같이 돌게끔 만든 장치야. 작은 바퀴에 움직이려는 물체를 연결하고 큰 바퀴를 돌리면, 작은 바퀴까지 힘이 전달돼서 물체를 쉽게 움직일 수 있어. 드라이버 말고도 렌치, 자동차의 핸들, 연필깎이, 돌려서 여는 문 손잡이 등이 모두 축바퀴의 원리를 이용한 도구야.

축바퀴를 이용한 도구

우리 주변에는 축바퀴의 원리를 이용한 도구들이 많다. 큰 바퀴와 작은 바퀴의 축을 연결해 힘을 전달하는 장치가 유용하게 쓰이기 때문이다.

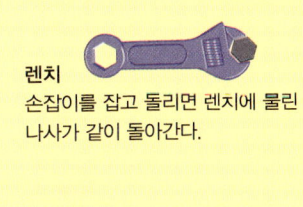

렌치
손잡이를 잡고 돌리면 렌치에 물린 나사가 같이 돌아간다.

드라이버
손잡이를 잡고 돌리면 드라이버 끝에 물린 나사가 같이 돌아간다.

문손잡이
손잡이를 잡고 돌리면 안쪽에 장치된 문고리가 같이 돌아간다.

코르크 병따개
위의 손잡이를 돌리면 아래쪽 나사 모양의 철사가 같이 돌아가서 코르크 안을 파고든다.

축바퀴 속 지레의 원리

축바퀴 속에 지레의 원리가 숨어 있다. 큰 바퀴는 지레의 힘점, 축은 받침점, 작은 바퀴는 작용점이라고 가정해 본다. 받침점에서 힘점까지의 거리(★)는 멀고, 받침점에서 작용점까지의 거리(♥)는 아주 가깝다. 그래서 작은 힘으로 큰 힘을 낼 수 있다.

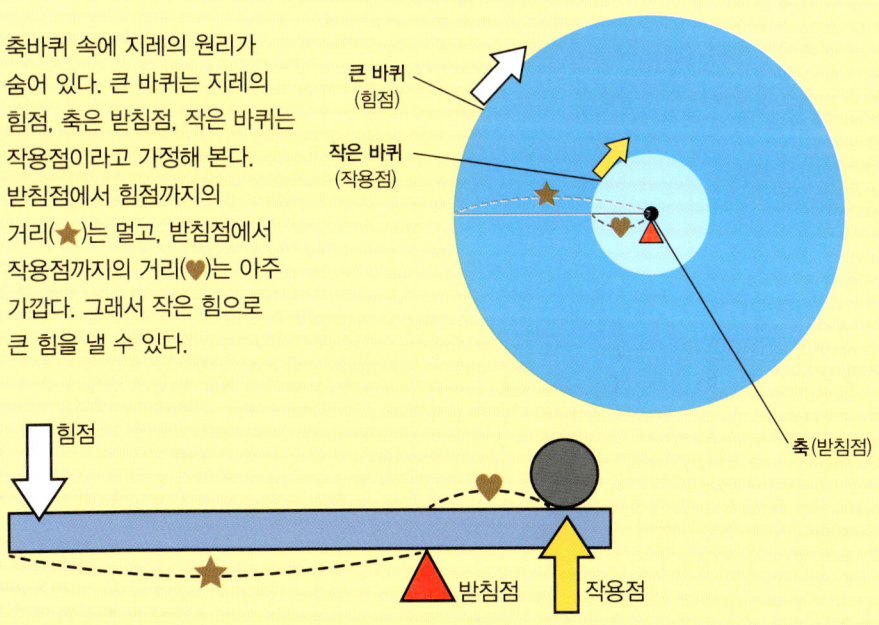

생활 속 도구와 힘 91

거리는 늘어나도 힘은 덜 드는 빗면

미끄럼틀처럼 비스듬한 면을 이용하면 힘을 덜 들일 수 있어. 이렇게 비스듬히 기울인 면을 '빗면'이라고 해.

빗면을 이용하면 힘을 덜 들이고 물건을 나를 수 있어요.

종이를 아래와 같이 잘라 볼까? 이 삼각형을 높은 산이라고 상상해 보렴. 바닥에서 산꼭대기까지 수직면으로 올라갈 수 있겠니? 밧줄을 비롯한 여러 가지 등산 장비를 이용하면 가능하겠지만, 힘이 아주 많이 들거야.

그럼, 빗면을 따라 산을 오르면 어떨까? 이동하는 거리가 멀어지지만, 큰 힘 들이지 않고 산꼭대기까지 오를 수 있어. 이렇듯 빗면은 비스듬한 면을 이용해 힘을 적게 들일 수 있게 하는 장치란다. 높은 곳에 오를 때 사용하는 사다리나 계단도 이 같은 빗면의 원리를 이용한 거야.

이번엔 잘라 놓은 종이를 돌돌 말아 보자. 둥근 면을 따라 빗면이 층층이 늘어선 모습이 되지? 우리 주변에 이와 닮은 모양이 있어. 바로 나사 모양이지. 나사 역시 빗면의 원리를 이용한 대표적인 도구야.

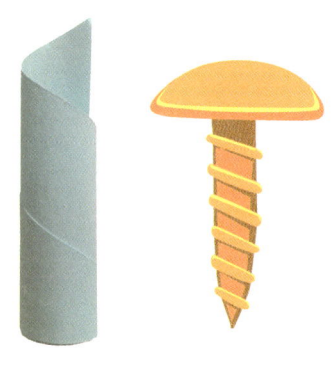

또 도끼나 칼처럼 끝이 날카로운 도구에도 빗면의 원리가 담겨 있어. 도끼의 날은 아래쪽이 얇고 위로 올라갈수록 두꺼운 삼각형 모양을 하고 있지. 도끼로 나무를 내려치면 나무는 도끼한테서 받은 힘만큼 반작용의 힘을 내놓는단다.

이 힘은 도끼의 날 끝에서부터 빗면을 따라 길게 흐르다가 삼각형의 수직면에서 짧고 강한 옆 방향 힘으로 바뀌어. 바로 이 강한 힘 덕분에 나무가 쩍 쪼개지는 거야.

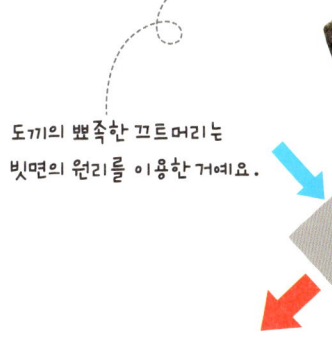

도끼의 뾰족한 끄트머리는 빗면의 원리를 이용한 거예요.

빗면을 이용한 각종 도구들

우리 주변에는 빗면의 원리를 이용한 도구들이 많다. 손쉽게 올라갈 수 있도록 돕거나, 날카로운 경사각을 이용해 자르는 도구들이 이에 속한다.

사다리
경사각을 좁혀서 올라가기 쉽게 만든다.

계단과 경사로
경사각을 좁힌 계단과 경사로는 위로 올라가기 쉽게 만들어 준다.

칼
날카로운 칼날로 손쉽게 자른다.

쐐기
날카로운 끝을 나무에 고정시키고 반대편을 망치로 내려쳐서 쪼갤 때 쓰는 도구이다.

바벨탑
높은 건물에 올라가는 방법으로 건물 벽을 따라 오르막길을 만든 상상화이다.

힘의 조화로 이룬 예술, 오케스트라

　사람들은 힘을 전달하고 나누는 여러 가지 도구를 만들어 생활을 편리하게 해 왔어. 마찬가지로 마찰력과 탄성력, 압력, 기압, 수압 등을 이용한 도구도 만들었지.

　이런 도구들은 우리 생활을 편리하게 해 주는 동시에, 귀와 눈을 즐겁게 해 주는 역할도 하고 있어. 그 대표적인 것들 중 하나로 악기를 들 수 있어.

　관현악단을 보면, 관악기, 현악기, 타악기가 내는 소리가 모여 아름다운 음악이 완성돼. 하지만 이런 음악이 그냥 완성되는 건 아니야. 연주자들이 악기를 연주할 때 알맞은 소리를 내기 위해서는 아주 섬세하게 힘을 조절해야 하고, 그러기 위해서는 피나는 연습을 해야 한단다. 압력과 탄성력, 마찰력의 미세한 차이가 아주 다른 소리로 나타나기 때문이지.

　또, 각자의 소리들이 모여서 아름다운 음악이 될 때까지도 거듭해서 손발을 맞춰야 해. 이런 음악가들의 열정과 노력이 있기에 우리가 음악을 듣고 즐길 수 있는 거야.

　그럼 연주자들이 과연 어떤 힘의 원리로 조화로운 음을 내는지 차근차근 살펴볼까?

피아노는 현을 두드려서 그 진동으로 소리를 내는 악기이다. 피아노의 모든 건반에는 작은 망치가 하나씩 연결돼 있고, 연주자가 건반을 누르면, 지레의 원리에 의해 망치가 아래에서 위로 움직이면서 현을 친다. 그러면 현이 진동하면서 아름다운 소리를 낸다.

바이올린이나 첼로 같은 현악기는 활로 현을 문지를 때 생기는 마찰력과 탄성력으로 현이 진동하면서 소리가 난다. 이때, 마찰력의 크기에 따라 현에 작용하는 탄성력이 달라지며, 현이 진동하는 속도에 따라 음의 높낮이도 달라진다. 즉, 현악기는 활로 현을 누르는 압력과 문지르는 속도에 따라 다양한 음을 표현할 수 있다. 연주자들은 현의 마찰력을 높이려고 활에 송진을 칠해서 사용하기도 한다.

북이나 심벌즈 같은 타악기는 탄성력을 이용해 소리를 낸다. 북채로 북의 가죽을 치면 가죽이 힘을 받아 안쪽으로 늘어났다가 탄성력에 의해 다시 원래대로 팽팽해진다. 이때, 가죽은 빠른 속도로 여러 번 늘었다 줄었다 반복하면서 서서히 원래대로 돌아온다. 북의 가죽이 떨리는 진동으로 소리가 난다. 어떤 물체를 때렸을 때 진동이 일어나는 것은 그 물체에 탄성이 있기 때문이다. 이때 탄성력이 클수록 물체가 빠르게 진동해서 높은 소리가 나고, 탄성력이 작으면 느리게 진동해서 낮은 소리가 난다.

관악기는 입으로 숨을 불어 넣어 소리를 내는 악기이다. 악기의 관 속에는 공기가 가득 차 있는데, 여기에 숨을 불어 넣으면 관 속의 공기가 진동하면서 악기 고유의 소리를 낸다. 이때, 음의 높낮이는 관의 길이, 악기에 숨을 불어넣는 강도 등에 따라 달라진다. 특히 리코더나 플루트 같은 관악기는 숨을 불어 넣을 때의 기압과 반대쪽 끝에서 공기가 빠져나갈 때의 기압이 서로 균형을 이루어야, 관 속의 공기가 고르게 진동하면서 제대로 된 소리가 난다.

생활 속 도구와 힘 97

수압으로 연출하는 종합 예술, 분수 쇼

무더운 여름날, 바닥에서 솟아오르는 분수를 보기만 해도 한결 시원해지지? 그런데 분수는 자연의 법칙을 거스르는 장치란다. 중력이 지구 위의 모든 물체를 아래로 잡아당겨서, 물은 항상 높은 곳에서 낮은 곳으로 흐르지. 그런데 분수대의 물은 아래에서 위로 솟구쳐 오르잖아.

중력을 거스르는 분수의 비밀은 무엇일까? 그건 바로 분수대에 설치된 '노즐' 때문이야. 노즐은 수도관 끝에 다는 장치인데, 작은 구멍이 뚫려 있어. 구멍이 좁으면 물이 노즐을 통과하기가 어려워. 그래서 펌프를 가동해 큰 압력으로 물을 밀어내야 해. 그러면 물이 높은 압력에 밀려 노즐의 좁은 구멍으로 세차게 뿜어져 나간단다. 이때, 바깥으로 나간 물줄기는 공기와 부딪쳐 잘게 쪼개지면서 사방으로 퍼져 나가지.

분수대에서 물이 솟구치는 높이나 모양 등은 노즐의 모양과 구멍 크기, 구멍 개수 그리고 물을 밀어내는 압력에 따라 달라져. 일부 공원이나 유명한 관광지에서는 노즐의 이런 성질을 이용해 멋진 분수 쇼를 열기도 해. 수백 개 또는 1,000개가 넘는 노즐을 다양하게 설치한 다음, 음악에 맞춰 물을 뿜어 내는 거야. 여기에

화려한 조명까지 더하면 분수 쇼는 그야말로 하나의 종합 예술 작품이 된단다.

중력 접착제로 쌓은 돌탑

 전라북도 진안에는 산봉우리의 생김새가 말의 귀를 닮았다고 해서 '마이산'이라는 이름이 붙은 산이 있어. 그리고 마이산의 남쪽 자락에는 '탑사'라는 유명한 절이 있단다. 탑사에 있는 탑은 다른 절에서 보는 것처럼 돌을 반듯하게 깎아서 만든 것이 아니라, 셀 수 없이 많은 돌멩이를 촘촘히 쌓아 만든 돌탑이야. 돌멩이 사이에 접착제를 쓰지도 않고 오직 돌로만 쌓은 탑이지.

마이산 탑사

그런데 무려 백이십 년이 넘는 동안, 어떤 비바람에도 탑이 무너지지 않았다고 해.

뾰족하게 쌓아 올린 돌탑이 하나도 무너지지 않은 것이 신기하기도 하지만, 곰곰이 생각해 보면 그 원리를 짐작할 수 있단다. 거칠거칠한 돌멩이의 표면이 서로를 꽉 붙들어서 탑의 형태를 유지하는 거야. 또 돌멩이 하나하나를 중력이 잡아당기고 있으니까 마찰력은 더 커지지.

그래서 탑사의 돌탑들은 오늘까지 온갖 비바람 속에서도 전혀 흐트러지지 않은 채로 그 모습을 유지하고 있는 거란다.

그래비티 글루

오늘날 미국에도 돌탑을 쌓는 예술가가 있다. 마이크 그랩이라는 이 청년은 우연히 강가에서 돌을 쌓으며 놀다가 그 매력에 흠뻑 빠져서 돌탑 쌓는 예술가가 되었다고 한다. 그랩은 아무런 접착제 없이 오직 중력만을 이용해 균형 잡힌 돌탑을 쌓았는데, 그 모양이 정말 예술적이다.

그랩은 중력을 접착제처럼 이용한다는 뜻으로 '그래비티 글루'라는 이름의 웹 사이트를 만들어 운영하고 있다. '그래비티(gravity)'는 중력이라는 뜻이고, '글루(glue)'는 접착제를 뜻한다. 그랩은 이 웹 사이트에 자신이 만든 작품을 전시해 놓았다. 한 번쯤 접속해서 그의 작품을 감상해 보자. 그랩의 웹 사이트 주소는 'www.gravityglue.com'이다.

생각이 크는 숲

사람과 도구의 힘으로 탄생한 피라미드

이집트 피라미드는 온전히 사람과 도구의 힘으로 완성된 건축물이다. 그 중에서도 가장 유명한 쿠푸 왕의 피라미드는 오늘날에도 세계 7대 불가사의 중 하나로 손꼽힐 만큼 엄청난 규모를 자랑하고 있다. 약 550만 톤의 돌이 사용되었고, 높이는 무려 146미터에 이른다.

피라미드는 기원전 2,500여 년 전에 세워진 것으로, 이때는 아직 기계가 발명되지 않았다. 따라서 간단한 도구와 사람 그리고 가축의 힘으로 이 거대한 건축물이 지어졌을 것이다. 그러나 기계 하나 없이 어떻게 거대한 피라미드를 지었는지에 대해서는 오늘날까지도 확실히 밝혀진 것이 없다. 다만, 다음과 같이 몇 가지 추측을 해 볼 수 있을 뿐이다.

1. 빗면의 원리를 이용했다

피라미드를 쌓을 때 쓴 석재는 동쪽으로 19킬로미터 떨어진 채석장에서 캐 왔는데, 돌을 자를 때는 쐐기를 썼을 것으로 추측된다. 돌 사이에 일정한 간격으로 나무로 만든 쐐기를 박고, 물을 부어 불어나게 해서 그 힘으로 바위를 갈랐을 것이다.

이렇게 떼어 낸 바위는 한 개에 무려 2.5톤이나 되었다. 사람들은 땅을 돋워 경사지게 만든 다음 수많은 사람이 교대로 줄을 끌어당겨 이 무거운 바위를 운반했을 것이다.

2. 마찰력을 이용했다

떼어 낸 돌은 아무리 잘 쪼개도 직각에 맞춰 쪼개기가 쉽지 않다. 이를 다듬기 위해 이집트 사람들은 석영 가루를 물로 축여 문질러서 바위의 면을 반듯하게 다듬었을 것이다.
　또, 거대한 석상이나 돌덩어리를 옮길 때는 주로 썰매를 사용했는데, 사막의 모래 위에서 썰매가 잘 미끄러지도록 하기 위해 썰매 앞에 물을 뿌려 마찰력을 줄였을 것으로 추측하고 있다.

3. 부력을 이용했다
　썰매를 이용해 힘을 조금 덜 들일 수는 있었겠지만, 그래도 2.5톤에 달하는 바위를 약 300만 개나 나르는 게 쉽지 않았을 것이다. 그래서 이집트 사람들은 나일 강이 범람할 때면 배를 띄워 바위를 실어 날랐을 것이다. 바위의 무게를 견딜 수 있을 만큼 큰 배의 흔적이 쿠푸 왕의 피라미드 근처에서 발견되었다.

 6 적응하고 이용하고 극복하며 살다

지구상에서 사람만 힘을 이용하며 살아가는 건 아니야.
동물과 식물도 힘을 이용할 줄 알거든.
탄성력을 이용해 먹이를 잡거나 씨앗을 퍼트리는 식물도 있고,
마찰력을 이용해 튼튼한 집을 짓는 새도 있지.
전기력으로 자신을 보호하는 물고기도 있어.
때로는 세상에 존재하는 힘 때문에
동물이나 식물의 삶이 고달파지기도 해.
지구의 생물들은 그런 힘의 작용에
어떻게 대응하며 살아가고 있을까?

총알처럼 빠르게 움직이는 식물들

 식물 중에는 곤충을 사냥해서 영양분을 얻는 종류가 있단다. 그 중 하나가 바로 파리지옥이야. 벌레가 잎에 내려앉으면 빠르게 잎을 닫아 곤충을 가둔 다음, 소화액으로 벌레를 녹여 흡수하지. 이때, 파리지옥이 빠르게 잎을 닫을 수 있는 것은 수압과 탄성력 덕분이야. 파리지옥을 자세히 보면 잎을 열고 있을 때와 닫고 있을 때, 잎의 모양이 조금 달라.

 잎을 열고 있을 때는 안쪽이 조금 볼록하고, 바깥쪽은 살짝 오목하게 들어가 있어. 그러다 잎 안쪽에 벌레가 앉으면 잎 안쪽 세포에 있던 수분이 잎 바깥쪽 세포로 빠르게 이동해. 그러면 잎 안쪽은 수압이 낮아져서 오목해지고, 바깥쪽은 수압이 높아져서 볼록해지지. 이렇게 볼록해진 잎 바깥쪽이 팽팽해지다가 어느 순간 잎이 탁 닫히는 거란다. 그 속도가 얼마나 빠른지 날개 달린 곤충이 미처 날아오르기도 전에 잎이 닫히고 말지.

파리지옥

닫힌 잎
바깥쪽이 통통하게 부풀어 있다.

열린 잎
잎 안쪽이 통통하게 부풀어 있다.

파리지옥보다 더 빠르게 움직이는 식물도 있어. 그것도 100배 이상 빨라. 바로 풀산딸나무야.

풀산딸나무는 꽃가루를 뿌리는 데 수압과 탄성력의 원리를 이용해.

봉오리 상태로 있던 풀산딸나무의 꽃잎으로 물이 이동해 수압이 점점 높아지면 마치 폭발하듯 순간적으로 꽃잎이 열려. 그리고 그 안에 웅크리고 있던 꽃술이 탄성력에 의해 몸을 쫙 펴게 돼. 이때, 꽃술 끝에 붙어 있던 꽃가루들이 탄성력에 몸을 싣고 슝 날아오르는 거야. 마치 투석기로 돌을 날리는 것과 같은 원리이지.

이때 풀산딸나무가 보여 주는 속도는 지금까지 관찰된 식물의 움직임 중에 가장 빨라서, 수천 분의 1초 밖에 안 된다고 해. 풀산딸나무는 이처럼 수압과 탄성력을 이용할 줄 아는 덕분에 다른 식물보다 10배 이상 높이 꽃가루를 쏘아 보낼 수 있단다. 그만큼 번식에 유리한 것은 두말하면 잔소리이지.

풀산딸나무

마찰력을 높이거나 줄이도록 진화한 동물들

동물 중에는 몸의 일부가 마찰력을 높일 수 있게 발달한 것도 있어. 예를 들어, 북극곰은 발바닥에 털이 있어서 얼음 위에서도 잘 미끄러지지 않아. 파리나 바퀴벌레 같은 곤충이 벽이나 천장에 붙어서 재빨리 달릴 수 있는 비결도 마찰력 덕분이지. 곤충의 발바닥에 나 있는 수많은 털이나 가시가 마찰력을 높여 주거든. 표면이 울퉁불퉁 거칠수록 마찰력이 커진다는 사실, 기억나지?

반대로 새와 물고기처럼 몸이 유선형을 띤 동물은 마찰력을 줄이는 형태로 발달한 것이란다. 특히, 새는 깃털이 모두 한 방향으

마찰력을 높인 파리의 다리
파리의 다리 끝에는 수많은 잔털이 나 있고, 이 털로 마찰력을 높여서 벽에 붙어 있는다.

로 나 있고 적당히 기름기가 있어서 몸의 표면이 미끈해. 물고기 역시 몸 전체가 미끄러운 비늘로 덮여 있지. 미꾸라지나 뱀장어는 아예 비늘이 없는 대신 몸 자체가 미끌미끌하고.

새와 물고기의 몸이 이렇듯 미끈한 것도 공기나 물의 마찰력을 줄이는 비결이야. 표면이 매끄러울수록 마찰력이 줄어드니까 말이야.

유선형 몸체
뾰족하고 몸통이 둥근 유선형 몸체를 지닌 펭귄의 몸에 짧고 매끄러운 털이 나 있어서 물속을 헤엄칠 때 물의 저항을 줄일 수 있다.

── 활동 ──

꿈쩍도 않는 책

준비물: 책 2권

1. 책 두 권을 나란히 놓고 책장을 한 장씩 번갈아 가며 차곡차곡 끼운다.
2. 두 권의 책을 잡고 양쪽으로 힘껏 당겨 본다.

어떻게 될까?
서로 맞물린 책이 빠지지 않는다.

왜 그럴까?
책장을 차곡차곡 끼우면 종이 한 장의 마찰력만 작용하는 것이 아니라, 그 위에 포개진 종이의 마찰력까지 더해져서 전체 마찰력이 커지기 때문에, 웬만한 힘에는 꿈쩍도 않는다.

공기를 이용하는 물고기와 식물

 물고기 몸속에는 '부레'라고 부르는 공기 주머니가 있어. 부레는 부력을 조절할 수 있는 신기한 기관이지.

 부레는 물고기의 등 쪽에 길쭉하게 자리 잡고 있어. 물고기는 물속에서 위로 올라가거나 아래로 더 깊이 내려가고 싶을 때, 부레를 이용해 부력을 조절한단다. 즉, 위로 올라가고 싶을 때는 부레에 공기를 채워 크게 부풀리지. 그러면 몸이 가벼워져서 위로 올라가. 반대로 물속으로 더 깊이 내려가고 싶을 때는 부레를 작게 해서 부력을 줄이지.

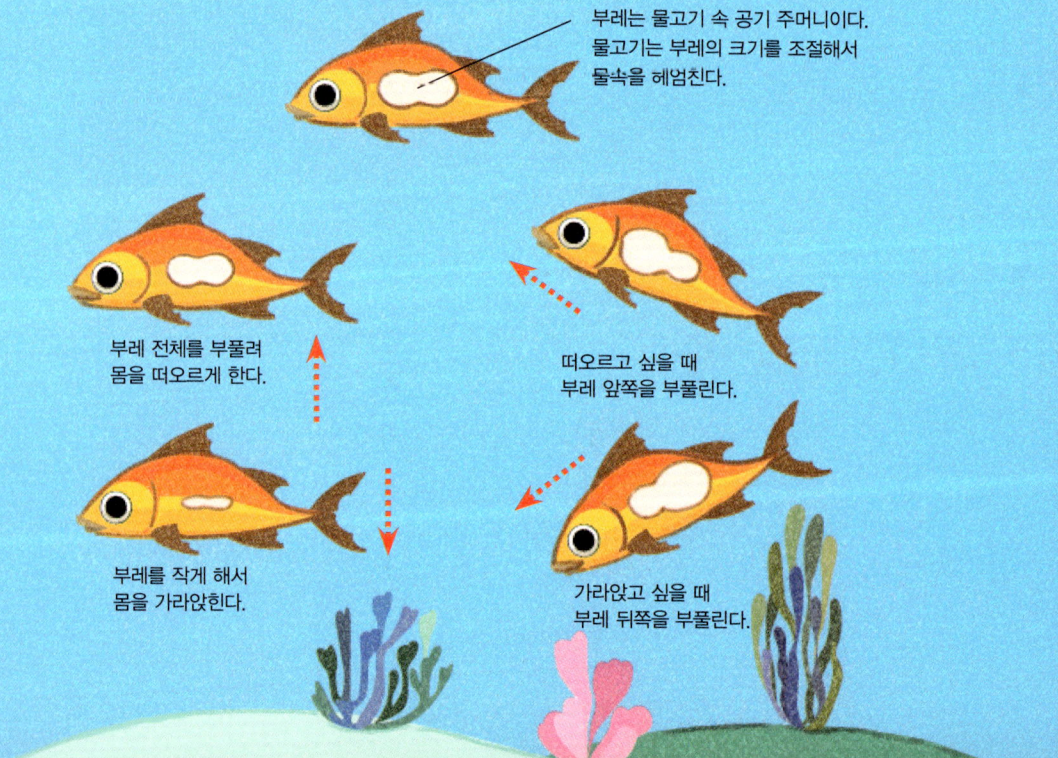

물고기는 부력을 일정하게 유지해 주는 부레 덕분에 헤엄치지 않고 가만히 있을 때도 바닥으로 가라앉지 않는단다.

하지만 물고기 중에는 부레가 없는 것도 있어. 상어나 가오리처럼 뼈가 부드러운 물고기는 부레 대신 몸의 근육을 움직여 올라가거나 내려간단다. 그런데 부레가 없기 때문에 헤엄치지 않고 가만히 있으면 물속 밑바닥으로 점점 가라앉지. 그러다 만약 아주 깊은 곳까지 가라앉게 되면 깊은 바다의 수압에 눌려 죽게 돼. 그래서 상어는 잠시도 가만히 있지 않고 늘 헤엄을 쳐야 해. 심지어 잠잘 때도 헤엄을 쳐야 가라앉지 않는단다.

물고기의 부레를 흉내 낸 잠수함

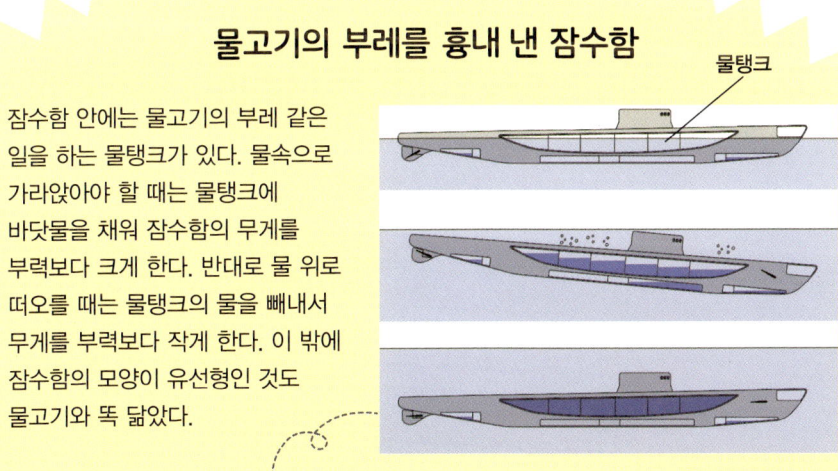

잠수함 안에는 물고기의 부레 같은 일을 하는 물탱크가 있다. 물속으로 가라앉아야 할 때는 물탱크에 바닷물을 채워 잠수함의 무게를 부력보다 크게 한다. 반대로 물 위로 떠오를 때는 물탱크의 물을 빼내서 무게를 부력보다 작게 한다. 이 밖에 잠수함의 모양이 유선형인 것도 물고기와 똑 닮았다.

잠수함의 물탱크는 물고기의 부레 같은 역할을 해요.

식물 중에도 물고기처럼 공기 주머니를 가진 것이 있어. 바로 부레옥잠이야. 이름에 부레가 들어간 것만 봐도 감이 오지? 부레옥잠은 공 모양으로 부푼 잎자루 안에 공기가 들어 있어서 물 위에 둥둥 떠다닌단다. 처음 싹을 틔울 때는 물속에서 흙에 뿌리를 내리고 살지만, 어느 정도 자라서 잎자루가 공 모양으로 부풀어 오르면 부력이 커져서 물 위로 떠오르지.

　그런가 하면 공기 주머니 없이도 아주 큰 부력을 만들어 내는 식물도 있어. 원래 남아메리카의 아마존 강이 원산지인 '큰가시연'인데, 우리나라에서도 볼 수 있단다.

부레옥잠
물 위에 둥둥 떠다니는 부레옥잠은 잎자루 속이 스펀지처럼 되어 있어 공기를 머금기 쉽다.

큰가시연
잎 뒷면에 촘촘히 나 있는 가시가 공기를 품어 강한 부력을 만들어 내서 커다란 새가 올라가도 끄떡없다.

　큰가시연은 잎의 지름이 2미터가 넘을 만큼 아주 커서 멀리서 보면 마치 작은 배가 물 위에 떠 있는 것 같아. 실제로도 이 연잎 위에 사람이나 큰 새가 올라가도 가라앉지 않는단다.

　큰가시연의 잎이 사람을 태우고도 가라앉지 않는 비밀은 잎 뒷면에 있어. 잎 뒷면에 튼튼한 가시가 그물 모양으로 촘촘히 이어져 있거든. 그물코 같은 공간은 눈으로 보기에 비어 있는 것 같지만, 사실은 칸마다 공기가 들어 있어. 이 공기가 큰 부력을 만들어 내서 잎 위에 무거운 것이 올라가도 버텨 낼 수 있는 거야.

적응하고 이용하고 극복하며 살다　113

어마어마한 수압을 견디는 심해 물고기

수심 200미터가 넘는 깊은 바다를 '심해'라고 해. 햇빛이 깊은 바닷속까지 닿지 못하기 때문에 심해는 아주 캄캄하고 물도 매우 차가워. 게다가 앞서 이야기했듯이 바닷속으로 깊이 들어갈수록 수압도 점점 높아지지. 이처럼 어둡고, 춥고, 압력까지 높은 심해에서 과연 생물이 살 수 있을까?

놀랍게도 이런 혹독한 환경 속에서 살아가는 생물들이 있어. 바로 심해 물고기들이야. 심해 물고기들은 엄청난 수압 속에서 어떻게 살 수 있을까? 우선, 심해 물고기의 몸속에는 부레가 없어. 만약 부레 같은 공기 주머니가 있다면, 깊은 바다의 수압을 견디지 못하고 터져 버리고 말 거야. 그 대신 심해 물고기는 몸 안에 가벼운 기름을 많이 지니고 있어서 그것으로 부력을 조절해.

또, 바닷물이 물고기의 몸을 누르는 힘만큼 물고기의 몸도 안쪽에서 바깥쪽으로 밀고 있어. 얕은 바다의 물고기와 비교했을 때, 심해 물고기는 몸속에 더 많은 수분을 모아 놓고 있지.

아무리 단단한 쇠로 만든다 해도 속이 빈 쇠공을 수천 미터 바닷속에 넣으면 수압에 눌려 찌그러지고 말아. 하지만 음료수가 가득 찬 알루미늄 깡통은 바닷속에서도 찌그러지지 않는단다. 몸

신기한 모습을 한 심해어들

심해에 사는 물고기들은 얕은 수심에서 사는 물고기와 여러 면에서 색다른 모습을 하는 경우가 많다. 어두운 곳에서 살기 때문에 스스로 빛을 내기도 하고, 잘 보기 위해 눈이 엄청 크거나 아예 보이지 않는 물고기도 있다. 먹이가 별로 없어서 많이 먹어 두기 위해 입과 위장이 크고 별로 헤엄치지 않고 한자리에서 오래 버티곤 한다.

풍선장어
주머니장어라고도 부른다. 몸길이는 1미터가 넘고, 입이 아주 커서 덩치가 큰 먹이를 단번에 삼킬 수 있다. 반대로 눈은 퇴화되어 아주 작다.

귀신고기
커다란 입과 날카로운 이빨을 지녔다.

도끼고기
배 주위에 빛을 밝혀 적으로부터 자신을 보호한다.

발광멸
몸이 가늘고 길다. 몸을 따라 빛을 내는 발광 기관이 있다.

배럴아이
머리가 투명하고 눈이 머리 속에 있다.

심해아귀
머리 위에 달린 가느다란 막대는 위쪽 지느러미가 변형되어 생긴 것이다. 이 막대에서 내는 빛으로 작은 물고기를 유인해 잡아먹는다.

속에 수분을 많이 축적한 심해 물고기가 수천 미터 바닷속의 압력을 견디는 것도 이와 같은 이치이지.

전기를 만들어 내는 생물들

 물고기 중에는 몸에서 직접 전기를 만드는 것들이 있단다. 전기뱀장어, 전기메기, 전기가오리 같은 생물들이지.
 전기를 내는 물고기들은 자기 몸에서 나오는 전기로 작은 물고기를 기절시켜 잡아먹기도 하고, 적이 나타나면 자신을 보호하기 위해 전기를 일으키기도 한단다. 또 시력이 나빠서 앞을 잘 못 보는 대신 전기 신호로 동료를 구별하기도 하지.
 전기 물고기 중에 가장 강한 전기를 만드는 것은 전기뱀장어야. 전기뱀장어는 몸길이가 2미터까지도 자라는데, 그 중에 겨우 10퍼센트밖에 안 되는 머리 쪽에 내장이 거의 다 몰려 있어. 그리고 나머지 90퍼센트에 해당하는 꼬리 쪽에는 온통 전기를 일으킬 수 있는 세포가 가득해. 이 세포들에서 나오는 전기는 최대 800볼트나 되는데, 이 정도면 말처럼 큰 동물도 기절시키거나 죽일 수 있어.
 그런데 사실 전기를 만드는 동물은 전기뱀장어만이 아니야. 사

전기뱀장어
아마존 강 등 남아메리카 북부의 진흙이 많은 강에서 산다.

전기뱀장어는 작은 물고기를 감전시켜 몸이 마비된 사이에 얼른 잡아먹는대.

람을 포함한 모든 동물의 몸에서 전기가 만들어 진단다. 동물의 근육이나 신경을 이루고 있는 세포 안에 전기 알갱이들이 가득하기 때문이지. 평상시에는 이 전기 알갱이들이 균형을 이루고 있어서 전기가 생기지 않아. 그러다 그 균형이 깨져서 세포를 감싸고 있는 막의 안쪽과 바깥쪽에 양전기와 음전기의 차이가 생길 때, 전기가 만들어지지.

다만, 다른 동물이 만들어 내는 전기는 아주 약해서 별로 힘을 발휘하지 못하는 반면, 전기뱀장어는 몸속에 전기를 일으키는 세포가 가득해서 아주 큰 전기력을 내는 거야.

　게다가 전기뱀장어는 자기가 만들어 내는 강한 전기력에도 해를 입지 않게 적응해 있어. 하지만 다른 동물은 큰 전기력을 견딜 수가 없단다. 그래서 혹시라도 동물의 몸에 일정 수준 이상으로 큰 전기가 흐르게 되면 목숨을 잃기도 해.

　그렇다면 생물의 몸에서 나오는 전기를 안전하게 이용할 방법은 없을까? 과학자들은 최근에 스스로 빛을 내는 해파리를 이용해 전기 만드는 기술을 개발했어. 해파리한테서 추출한 형광 단백질을 자외선 아래에 두면 광자와 전자가 배출된다는 거야.

　이 기술로 만든 전지를 '생물 연료 전지'라고 하는데, 아직은 아주 작은 힘밖에 발휘하지 못해. 하지만 이 기술을 잘 개발하면 해파리뿐 아니라 음식물 쓰레기나 미생물을 가지고도 전기를 만들 수 있다고 해. 환경 오염 물질을 없애면서 전기도 만들 수 있다니, 이것이야말로 '일거양득'이겠지?

> 활동

레몬으로 과일 전지 만들기

준비물: 레몬, 구리판, 아연판, 꼬마전구, 집게 전선, 칼

1. 레몬을 반으로 가른 다음, 즙이 나오게 손으로 살짝 주무른다.

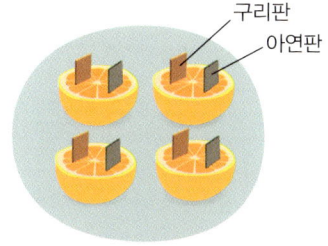

2. 레몬에 아연판과 구리판을 나란히 꽂는다.

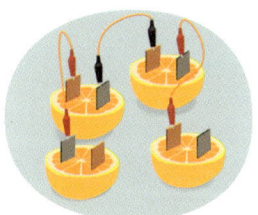

3. 집게 전선으로 각 레몬의 아연판과 구리판을 줄줄이 연결한다.

4. 양쪽 끝에 있는 레몬의 두 집게 전선 사이에 꼬마전구를 연결한다.

어떻게 될까?
꼬마전구에 불이 켜진다.

왜 그럴까?
아연판과 구리판을 레몬에 꽂아 두면 아연판에서 음전기 알갱이가 빠져나와 전선을 타고 구리판 쪽으로 흘러가고, 구리판은 그것을 받아들인다.
이렇게 전기 알갱이가 한쪽에서 다른 쪽으로 흐르면 전기가 통해서 전구에 불이 들어온다. (레몬 하나로 불이 켜지지 않으면 레몬의 개수를 늘린다. 레몬 대신 다른 과일이나 채소를 사용해도 된다.)

🚫 실험을 마친 레몬에는 아연이 녹아 들어가 있으므로 절대로 먹지 않는다.

생각이 크는 숲

중력 때문에 키가 줄었다고?

　사람을 포함해서 지구에 사는 모든 생물은 태어날 때부터 지구 중력에 적응해 있다. 하지만 중력의 영향 때문에 사람의 키가 줄어들기도 한다는 사실! 사람의 몸에는 머리 아래에서 엉덩이까지 33개의 뼈가 이어져 있다. 그 뼈가 바로 '척추'다. 척추가 우리 몸을 지탱하고 있는 덕분에 사람은 다른 동물과 달리 허리를 세우고 서서 걸을 수 있다.

　그런데 중력이 우리 몸을 자꾸 아래로 잡아당기니까 서 있는 동안 척추는 우리 몸무게에 눌리게 된다. 용수철을 꾹 누르면 길이가 줄어드는 것처럼, 척추도 우리 몸무게에 눌려서 조금 줄어든다. 이 때문에 키도 약간 줄어드는 것이다.

　그렇다고 키가 마냥 작아지기만 하는 것은 아니다. 용수철을 누르고 있던 힘이 없어지면 원래 길이로 되돌아오듯, 척추도 마찬가지다. 서 있지 않고 누워만 있어도 척추가 원래대로 펴진다. 특히, 물구나무를 서거나 철봉에 거꾸로 매달리면 평소와 반대 방향으로 중력이 작용해서 척추가 쭉 펴진다.

　그렇다면 지구에 중력이 없으면 어떨까? 지금보다 키가 커질까? 그렇다. 실제로 중력이 없는 우주에 나가면 그동안 몸무게에 눌려 있던 척추가 펴져서, 사람의 키가 5~7센티미터 정도 더 커진다고 한다.

공상 과학 영화를 보면 지구가 아닌 다른 별에 사는 외계인이 등장하곤 한다. 〈아바타〉라는 영화에도 외계인이 등장한다. '나비 족'이라고 부르는 이 종족은 피부색이 파랗고, 키는 3미터쯤 된다.

영화에서 나비 족이 사는 곳은 지구에서 멀리 떨어진 '판도라'라는 행성이다. 이 행성은 커다란 바위산이 공중에 둥둥 떠 있을 정도로 중력이 작다.

물론 나비 족이나 판도라 행성이 실제로 있는 것은 아니지만, 나비 족의 키가 3미터나 되는 것은 판도라 행성의 중력이 아주 작기 때문이다.

만약 판도라 행성과 반대로 중력이 아주 큰 별에 외계인이 산다면 어떨까? 아마 그들은 지구인보다 키가 훨씬 작을 것이다. 어쩌면 강한 중력에도 넘어지지 않게 몸이 적응해서 우리와는 걷는 방법이 다를지도 모른다.

지구보다 중력이 작은 별

지구

지구보다 중력이 큰 별

 작은 아이디어가 세상을 바꿔요

힘의 원리를 알면 새로운 세계가 열린다

    산업 혁명의 시초가 된 증기 기관이 개량되면서 본격적인 기계의 시대가 열렸어. 산업 혁명 이전에는 사람이나 동물의 힘으로 농사도 짓고 집을 지었다면, 이제는 기계의 힘으로 힘든 일을 대신하고 있지. 하지만 이런 기계를 쓰려면 연료가 많이 들어. 또, 기계 자체도 값이 비싸서 가난한 사람들은 구매할 수가 없단다. 하지만 힘의 원리를 잘 이해한다면, 비싸고 연료가 많이 드는 기계 대신 사람과 도구의 힘만으로도 많은 일을 할 수 있어. 힘의 원리를 어떻게 활용하는지 살펴볼까?

STEAM

발로 밟는 물 펌프

아프리카의 케냐는 매우 건조한 기후에 속한 나라야. 경제적으로 부유한 편이 아니어서, 도시가 아닌 시골에 가면 전기가 들어오지 않는 곳도 많단다. 전기가 들어오지 않다 보니 최신식 전기 펌프가 있어도 쓸 수가 없어. 농사를 짓기 위해 물을 끌어와야 하는 농민들에게는 매우 곤란한 일이지.

이런 이들을 위해 개발된 것이 바로 발로 밟아서 물을 끌어오는 발 펌프야.

발 펌프를 이용하면 지하 7미터에 있는 물을 지상 14미터까지 끌어올릴 수 있다. 또한 하루 만에 축구장 넓이만 한 땅에 물을 공급할 수 있어서 들이는 힘에 비해 효과가 매우 크다.

작은 아이디어가 세상을 바꿔요

펌프는 압력의 차이를 이용해 액체나 공기를 옮기는 도구야. 말랑말랑한 고무 물총을 생각하면 될 거야. 물총을 꾹 누르면 안의 공기가 밀려 나오지? 그 상태에서 입구를 물에 담그고 손의 힘을 빼면 기압 차이 때문에 물이 물총 속으로 빨려 들어와. 물총을 물에서 꺼내 다시 누르면 물총 끝에서 물이 발사돼. 펌프도 이런 원리를 이용한 거야. 다른 점이 있다면 펌프는 한쪽 끝이 물에 연결되어 있어서 누르면 누르는 대로 밑에서 물이 쭉쭉 빨려 올라와서 앞으로 발사된다는 거야.

손 펌프
손잡이를 눌러 지하에서 물을 끌어 올린다.

이런 펌프는 예전부터 쓰여 왔어. 시골 집 마당에서 볼 수 있는 손 펌프, 옷을 다릴 때 물을 칙칙 뿌려 주는 분무기, 난로에 기름을 넣을 때 쓰는 펌프 등이 있지. 하지만 이런 것들은 모두 손으로 눌러야 해서 잠깐이면 모를까, 넓은 밭에 많은 양의 물을 대기에는 무척 힘들어.

　이런 문제점을 해결한 것이 발 펌프야. 펌프기를 발로 밟으니까 사람의 몸무게 덕분에 더욱 강한 압력으로 펌프질을 할 수가 있어. 그래서 지하 깊은 곳에 있는 물까지도 쑥쑥 뽑아 올려서 밭에 물을 줄 수 있는 거야.

　이렇게 손 대신 발을 쓴다는 발상의 전환을 한 것만으로도, 펌프의 효율이 놀랍게도 좋아져서 짧은 시간 내에 많은 물을 끌어 올 수 있게 되었단다. 이 펌프는 우리나라 돈으로 약 10만 원쯤 하니까 아주 싼 편은 아니야. 하지만 케냐 사람들은 몇 년간 돈을 모아 이 펌프를 샀단다. 그만큼 농사짓는 데 펌프가 큰 도움이 된다고 판단한 거야.

　실제로 이 펌프를 사용하는 케냐의 농민들은 가뭄 걱정 없이 1년 내내 농사를 지을 수 있다고 해. 또, 원래의 밭뿐 아니라 물이 없어서 놀려 두고 있던 땅까지 농지로 쓸 수 있게 되어서 더 많은 수익을 올리게 되었지. 그래서 이 펌프의 이름이 '머니 메이커 펌프'라는구나.

 작은 아이디어가 세상을 바꿔요

흙으로 튼튼한 집을 짓는 4가지 방법

사람이 살아가는 데 가장 기초가 되는 것은 바로 의식주야. 즉, 옷과 식량과 집이지. 이 중에서 무엇 하나 빠진다면 삶을 살아가기 힘들어. 특히 집은 사람이 휴식을 취하고 몸을 보호하는 공간이며, 가족과 화목하게 생활하는 곳이야. 그런 만큼 추위와 더위를 잘 막고, 태풍이나 폭우에도 견뎌야 하며, 무엇보다 튼튼해야겠지?

그런데 집을 한 채 지으려면 정말 많은 돈이 들어. 돈이 없는 사람들은 위의 조건을 다 채운 집을 짓기가 어렵지. 그래서 흙이나, 물기가 많고 쉽게 부서지는 싸구려 흙벽돌로 집을 짓곤 해. 이런 집들은 약간의 충격만으로도 쉽게 무너질 수 있어. 그런데도 제대로 된 벽돌은 워낙 비싸서 벽돌집을 지을 엄두를 내지 못한다고 해.

하지만 힘의 원리를 잘 알면 굳이 비싼 건축 자재를 쓰지 않더라도 주변의 것을 활용해서 튼튼한 집을 지을 수 있어. 그 방법이 무엇일까? 네 가지 방법을 소개할게.

STEAM

1. 달걀판 이용하기

 달걀을 포장할 때 쓰는 종이 받침은 표면이 오톨도톨해. 그래서 흙과 달걀판을 겹쳐서 쌓으면 흙과 달걀판 사이에 작용하는 마찰력 덕분에 집이 쉽게 무너지지 않는단다. 게다가 흙과 달걀판은 흔한 재료라 구하기도 쉬워.

네팔의 맘센터에 적용한 달걀판 벽 쌓기 공법 순서

① 바닥에 배합된 흙을 7cm 정도로 쌓고 그 위에 달걀판을 겹쳐서 올린 뒤 충분히 눌러 준다.

② 흙을 5~6cm 정도의 두께로 쌓고 다시 달걀판을 올리고 눌러 준다. 이를 반복해서 벽을 쌓아 올리고 지붕을 얹으면 멋진 집이 완성된다!

작은 아이디어가 세상을 바꿔요

2. 압축 흙벽돌 이용하기

같은 흙벽돌이라고 해도, 강한 힘으로 압력을 주어 만들면 좋은 건축 재료가 되지. 높은 압력으로 흙을 눌러 주는 기계 안에 그 지역에서 쉽게 구할 수 있는 흙을 넣고, 버튼만 누르면 압축 흙벽돌이 만들어져. 이렇게 만든 흙벽돌을 맑은 날 닷새 정도 말리면 불에 구워 만든 비싼 벽돌 못지않게 훌륭한 건축 재료가 된단다.

3. 흙 부대 이용하기

벽돌 대신 흙 부대를 차곡차곡 쌓아 집을 지을 수도 있어. 천이나 양파 망 같은 부대에 흙을 채우고 입구를 꽉 묶어 주면 흙 부대가 완성돼. 그런 다음 흙 부대를 쌓아 집을 지으면 중력과 마찰력 덕분에 쉽게 무너지지 않아.

부대에 흙을 채우는 모습

STEAM

4. 페트병 이용하기

 버려진 페트병을 재활용하는 방법도 있어. 빈 페트병 안에 흙을 꽉꽉 채우고 뚜껑을 꼭 닫으면 페트병 벽돌이 되지. 달걀판 공법처럼, 흙을 한 줄 쌓고 그 위에 페트병 벽돌을 한 줄 쌓는 식으로 벽을 쌓은 뒤, 병 사이의 빈 공간을 흙으로 잘 메워 주면 튼튼한 벽이 완성된단다. 페트병 외에도 타이어나 유리병 같은 다양한 물건들을 벽 쌓는 재료로 사용할 수 있어.

타이어, 유리병, 알류미늄 캔 등을 재활용해 쌓은 벽

 작은 아이디어가 세상을 바꿔요

위생적이고 간편한 수도꼭지

아프리카와 남아메리카의 가난한 지역에는 수도 시설이 없어서 아주 먼 곳에서 마실 물을 길어 와야 하는 사람들이 많아. 물을 길어 오기 힘드니까 사람들은 한 번 길어 온 물을 양동이에 담아 놓고는 그 물로 손 씻고, 밥도 짓고, 설거지도 해. 이렇게 한곳에 담아 놓고 여러 번 사용하다 보니 물이 쉽게 더러워져. 더러운 물을 마시고 병에 걸리는 사람도 생기곤 하지.

이런 사실을 알게 된 미국의 한 대학생이 수도꼭지만 있으면 문제를 해결할 수 있겠다는 걸 깨달았어. 그래서 간편하게 걸었다 뗐다 할 수 있는 수도꼭지를 개발했지. 이 수도꼭지는 사이펀의 원리를 이용한 것으로, 수도꼭시를 물이 담긴 양동이에 걸어 주기만 하면 필요할 때마다 깨끗한 물을 쓸 수 있단다.

이렇듯 세상에 없던 것을 새로 만들기보다, 원래 있던 것에 작은 아이디어를 보태는 것만으로도 세상을 보다 편리하게 만들 수 있어. 하지만 이런 아이디어가 그냥 떠오르지는 않아. 힘의 원리를 제대로 알아야 만들어 낼 수 있다는 사실을 기억해 두렴.

간편한 수도꼭지의 원리

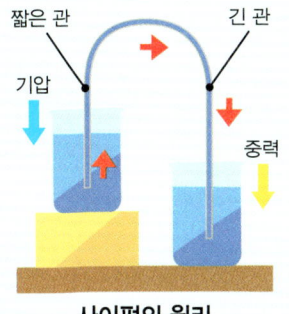

사이펀의 원리

간편한 수도꼭지는 '사이펀의 원리'를 이용해 만들어졌다. 사이펀은 한곳에 있는 물을 위로 끌어올려서 더 낮은 곳으로 옮기는 장치이다. 기다란 관을 한쪽은 길고 한쪽은 짧게 구부려서 만든다.

사이펀은 압력 차이에 의해 작동한다. 높은 곳에 있는 양동이의 수면을 공기가 누르면 양동이의 물이 관 안으로 밀려 올라간다.

관 꼭대기에 도달한 물은 중력 때문에 낮은 곳으로 떨어진다. 사이펀이 작동하려면 관 안에 물이 가득 차 있어야 한다. 간편한 수도꼭지를 양동이에 처음 걸면 호스 안의 기압과 바깥의 기압이 균형을 이룬 채로 있어서 아래쪽으로 물이 떨어지지 않는다. 이때, 호스 중간에 달린 펌프를 손으로 살짝 쥐었다 놓으면 호스 안의 공기가 빠지면서 그 자리에 물이 밀려와 호스 안을 가득 채운다. 그러면 사이펀이 작동해 수도꼭지에서 물이 흘러나온다.

 펌프를 눌러 물을 끌어들인다. 밸브를 열면 물이 나온다.

 물을 나눠 쓸 수 있어서 훨씬 위생적이고 경제적이다.

찾아보기

 ㄱ

가속도의 법칙 72
갈릴레이 21
강한 핵력 39~41
거리 30
거중기 88
게코 64
고정도르래 87~89
공전 28, 30
과일 전지 119
관성 70, 77, 78, 80
관성력 80, 81
관성의 법칙 70
광자 118
구리판 119
귀신고기 115
그래비티 글루 101
금성 29, 31
기압 57~60, 95, 97, 124, 131

 ㄴ

나일 강 103
뉴턴 18~21, 68, 70, 72, 74, 78
뉴턴(N) 27

 ㄷ

도끼고기 115
도르래 86~89
도마뱀붙이 64
돌탑 100
들돌 들기 12

 ㄹ

로터 75
롤러코스터 69
림프액 69

 ㅁ

마찰력 46~49, 63, 75, 77, 78, 95, 96,
 101~103, 108~109, 126
목성 29, 31
무게 27

 ㅂ

바벨탑 94
반고리관 69
반데르발스 힘 64
반작용 74, 75, 79, 93
받침점 85
발 펌프 123

발광멸 115
배럴아이 115
번개 43
번지점프 53
복합도르래 87~89
부레 110, 111
부레옥잠 112
부력 60~63, 103, 110~114
분수 98
빗면 92~94

ㅅ

사과나무 19
사이펀의 원리 131
삼손 13
생물 연료 전지 118
설피 56
소립자 39
수성 29, 31
수압 59, 60, 95, 98, 106, 107, 111, 114
스노보드 56
스키 56
심해 물고기 114
심해아귀 115
썰매 103

ㅇ

아르키메데스 62
아리스토텔레스 17, 18, 20
아연판 119
아인슈타인 21
아틀라스 14, 16, 17
압력 54~59, 63, 95, 96, 98, 114, 116, 124, 131
압정 56
약한 핵력 39~41
양성자 33, 39
양전기 33, 43
S극 36, 37
N극 36, 37
연잎 효과 65
오케스트라 95
운동 상태 68
운석 42
움직도르래 87~89
원자 33, 39
원자 폭탄 43
원자핵 39
월식 18
위성 29
유선형 49, 108, 109, 111
음전기 33, 35, 43
인력 24, 28

ㅈ

자기 36
자기 부상 열차 49
자기력 35, 36
자기력 35~38, 40, 41
자석 35~37
작용·반작용의 법칙 74, 75, 79
작용점 85
잠수함 111
전기력 22, 32, 34~36, 104, 118
전기뱀장어 116, 117
전자기력 35, 39
전자석 37, 49
정약용 88
중력 21, 24~32, 38, 40~42, 61, 63, 68, 76, 80, 81, 98, 100, 101, 120, 121, 131
중력 가속도 73
중성자 33, 39
지레 84~89, 91, 96
질량 18, 21, 24~28, 31, 41, 62, 72, 73, 79

ㅊ

척추 120
천구 17
천왕성 29
축바퀴 90~91

ㅋ

컬링 28
케플러 21
코페르니쿠스 20, 21
쿠푸 왕 102, 103
큰가시연 113

ㅌ

탄성 51
탄성 한계 52
탄성력 50~53, 63, 76, 95~97, 107
탈레스 32
탐사 100
토성 29, 31
트램펄린 53

ㅍ

파리 108
파리지옥 106
펭귄 109
표면 장력 65
풀산딸나무 107
풍선장어 115
프톨레마이오스 20

피라미드 102

항성 29
항우 13
해왕성 29
해파리 118
핵력 39~41
행성 29
헤라클래스 13

■ 사진 출처
11, 14, 29, 46, 53, 76, 93, 99, 121, 124면 셔터스톡 19면 위키백과(Loodog) 23면 미우주항공국 42면 위키백과(LarryBloom) 45면 미우주항공국, 위키백과(EL Caballero) 48면 flickr(Nicki Varkevisser), 위키백과(Jonathan Pope) 49면 위키백과(Alpsdake, Yummifruitbat) 56면 위키백과(Burtonpe), flickr(Chris Potter), 셔터스톡 64면 위키백과(Uspn) 65면 위키백과(Ram-Man) 67면 위키백과(Boris~commonswiki) 71면 flickr(theilr), 위키백과(Elya, Stevage) 73면 위키백과(Mormegil, Saffron Blaze) 96면 위키백과(Jean11) 100면 위키백과(Steve46814) 101면 flickr(egg-Hong, Yun Seon) 102면 위키백과(Ricardo Liberato) 106면 위키백과(Ollin~commonswiki) 107면 위키백과(Dger) 108면 위키백과(Alvesgaspar) 109면 위키백과(Überraschungsbilder) 111면 위키백과(Flanker) 112면 위키백과(Jacopo Prisco) 117면 위키백과(Stevenj) 123면 kickstart
그 외 퍼블릭 도메인

이 책에 실린 사진들은 저작권자의 허락을 받아 사용하였습니다. 저작자와 출처의 표기가 빠지거나 잘못되었다면 연락주시기 바랍니다. 곧바로 고치겠습니다.

힘이 보여요

초판 1쇄 발행 2015년 8월 1일 초판 5쇄 발행 2022년 8월 23일

글 박미경 **그림** 장명진 **기획** 콘텐츠뱅크
펴낸이 이승현

편집3 본부장 최순영
교양 학습 팀장 김솔미 **편집** 심민정
키즈 디자인 팀장 이수현 **디자인** 이나혜

펴낸곳 ㈜위즈덤하우스 **출판등록** 2000년 5월 23일 제13-1071호
주소 서울특별시 마포구 양화로 19 합정오피스빌딩 17층
전화 02)2179-5600
홈페이지 www.wisdomhouse.co.kr **전자우편** kids@wisdomhouse.co.kr

ⓒ 박미경, 콘텐츠뱅크 2015

ISBN 978-89-6247-623-1 74400
ISBN 978-89-6247-372-8 (세트)

* 이 책의 전부 또는 일부 내용을 재사용하려면 반드시 사전에 저작권자와
  ㈜위즈덤하우스의 동의를 받아야 합니다.
* 인쇄·제작 및 유통상의 파본 도서는 구입하신 서점에서 바꿔드립니다.
* 책값은 뒤표지에 있습니다.

• 제조국 : 대한민국 • 사용연령 : 8세 이상
• KC마크는 이 제품이 공통안전기준에 적합하였음을 의미합니다.